Fiche de lecture illustrée
L'Étranger
d'Albert Camus

par Frédéric Lippold

Table des matières

Présentation de l'auteur

Retrouvez cette biographie sur YouTube :

Biographie d'Albert Camus
Éditions Lippold

Découvrez la biographie de l'écrivain Albert Camus (1913-1960), un des plus grands auteurs de la littérature française au XXème ...

Albert Camus était un **philosophe, romancier, dramaturge, essayiste, nouvelliste** et **journaliste**.

Il est né dans un domaine viticole à Mondovi (Algérie) en **1913**. Son père **Lucien Camus**, ouvrier agricole, décéda en France en 1914, atteint par un éclat d'obus à la bataille de la Marne.

Albert Camus a des **origines européennes** : sa famille paternelle venait du sud de la France, tandis que sa famille maternelle venait d'Espagne. Il est donc un descendant de **pieds-noirs**.[1] Il avait un grand frère, Lucien.

Après la mort de son père, il fut élevé à **Alger**, dans le quartier populaire de **Belcourt**, chez sa grand-mère. La famille était **très pauvre** et la mère de Lucien et Albert Camus, **Catherine Sintès**, une servante d'origine espagnole, était en partie sourde et **analphabète**. Les deux garçons devaient subir la **dureté** de leur grand-mère Catherine Marie Cardona. Albert Camus illustre cette enfance miséreuse mais malgré tout **heureuse** dans un roman commencé à la fin de sa vie, intitulé *Le Premier Homme*.

Albert Camus vécut le plaisir du beau temps, des baignades sur la plage de Tipasa, des matchs de foot avec le Racing Club Algérois (il se passionne pour le football à 14 ans). Ceci rendra l'auteur nostalgique, sans être tourné vers le passé.

Un tournant de sa vie est lié à son instituteur de CM2, **Louis Germain**, qui devient comme un père de substitution ; il remarque son intelligence et lui

---

[1] Un « **pied-noir** » désignait un Français d'ascendance européenne installé en Afrique française du Nord, jusqu'à l'époque de l'indépendance (**1956** pour la Tunisie et le Maroc, **1962** pour l'Algérie). Dès le XIXème siècle, des familles de France métropolitaine furent envoyées dans les colonies françaises pour les peupler et pour y travailler. Ils étaient environ 2 000 000. Suite aux tensions résultant de l'indépendance, beaucoup fuiront les ex-colonies pour revenir en France.

permet d'avoir une bourse d'études pour le lycée. C'est là-bas qu'il comprend qu'il est issu d'un milieu défavorisé, et il en a honte.

Alors qu'il est âgé de 17 ans, Camus sympathise avec son professeur de philosophie, **Jean Grenier**, qui va reconnaître ses dons exceptionnels.

C'est à cet âge que le jeune Albert a des symptômes inquiétants : il crache du sang. À l'hôpital, on lui diagnostique la **tuberculose**, une maladie des poumons potentiellement mortelle, et il doit arrêter le football. C'est un **choc** : cette maladie fait planer une **menace permanente** sur Camus. **Effleuré par la mort**, **sans raison apparente**, il se rend compte de la **fragilité de la vie**. Il développe un **désir désespéré de vivre**, sans toutefois trouver de sens à la vie elle-même. Cela a aussi favorisé en lui « *cette liberté du cœur, cette légère distance à l'égard des intérêts humains.* »[2]

La **maladie** a eu un impact décisif sur l'œuvre de Camus : ce fut une épreuve fondatrice, qui a influencé son travail de réflexion et d'écriture.

En plus de Jean Grenier, une personne de la famille de Camus, **Gustave Acault**, va l'aider et lui donner goût à la littérature.

Albert Camus devient plus tard **journaliste**, anime des **troupes théâtrales** et une **maison de la culture**, et fait de la **politique**. À Alger, il publie *Noces* ainsi que *L'envers et l'endroit*.

Dans le journal *Alger Républicain*, il dénonce la misère de la population locale algérienne et va devoir quitter l'Algérie française, car on ne lui donne plus de travail. Pendant la Seconde guerre mondiale, il anime le journal *Combat*, une revue clandestine de la **résistance** française.

Après la guerre, Albert Camus poursuit son œuvre tournée autour de l'**absurde** et de la **révolte**. Il parle aussi des bonheurs de la vie, qui se trouvent souvent dans les choses simples.

---

[2] Préface de *L'Envers et l'Endroit*, Albert Camus, 1937

En 1957, Camus reçoit le **prix Nobel de littérature**, qu'il dédie justement à son ancien professeur.

Son œuvre est déjà importante : il a alors publié **une vingtaine d'œuvres** ainsi que de très nombreux articles et préfaces.

Alors qu'on attendait encore de nombreux travaux de lui, il décède brutalement en **1960**, à Villeblevin, des suites d'un accident de voiture. Il avait 46 ans.

Présentation et points clés de l'œuvre

L'Étranger est le **premier roman** d'Albert Camus, publié en 1942.

Il a été écrit à partir de l'été 1939 (comme on le voit d'après les *Carnets* de Camus), jusqu'à mai 1940.[3]

Cette œuvre fait partie du **cycle de l'absurde**, avec l'essai *Le mythe de Sisyphe* (1942), et la pièce de théâtre *Caligula* (1944) ; Albert Camus nomme ces ouvrages « *les trois Absurdes* » dans ses *Carnets* (21 février 1941).

L'Étranger relate l'histoire d'un banal employé de bureau, **Meursault**, qui va connaître un **destin tragique** ; l'histoire commence avec la mort de sa mère, et se termine avec sa condamnation à mort.

Ce roman symbolise l'**homme perdu** face à l'**absurdité de la vie**. Le personnage principal a une attitude **détachée**, et **accepte les événements** qu'il subit. C'est aussi un **homme sans filtre**, qui dit la vérité et **n'arrive pas à comprendre** les conventions sociales et morales.

Parmi les thèmes abordés dans cette œuvre, on trouve :

Absurdité   **Innocence et culpabilité**   **Indifférence**   **Ennui**

Habitude   **Meurtre**   **Révolte**   **Chaleur**   **Plaisirs de la vie**

Fatigue   **Religion et athéisme**

Une partie de la critique officielle sera sévère envers ce livre. En 1942, sous le Régime de Vichy, le livre sera jugé comme « *immoral* ». Néanmoins, Jean-Paul Sartre (écrivain et philosophe français, 1905-1980) parlera de son œuvre et contribuera à son renom.

Ceci n'empêchera pas *L'Étranger* d'être tiré à **plus de six millions d'exemplaires**, et traduit dans plus de soixante langues.

Il sera également adapté au **cinéma** par Luchino Visconti (célèbre réalisateur italien) en 1967.

---

[3] Source : Gallimard

Genèse et débuts de l'œuvre

Quatre mois à peine séparent la rédaction de *L'Étranger* de celle du *Mythe de Sisyphe*. Les deux œuvres sont **intimement liées**, sans compter l'influence de la première œuvre de Camus, *L'envers et l'endroit* (1937), qui fut centrale dans le travail de l'auteur. *L'Étranger* reprend aussi certains traits du roman **La mort heureuse**, projet abandonné par Camus et publié après sa mort, en 1971 (lire p. 23)

L'Étranger a été relu par **Jean Grenier**, ancien professeur de philosophie de Camus, et **Pascal Pia**, un ami. Celui-ci lui fit quelques **reproches** : un certain manque d'unité, des phrases trop brèves, un style « *tournant au procédé* ». Pascal Pia était plus **enthousiaste**, « *persuadé que, tôt ou tard, L'Étranger trouvera sa place, qui est l'une des premières* ».

André Malraux, écrivain français bien connu, a également relu l'œuvre et donné des conseils à Camus. Il communiqua le manuscrit à l'éditeur Gaston Gallimard qui publiera la première édition de *L'Étranger*, en mai 1942. À la sortie du livre, plusieurs auteurs célèbres sont conquis et **recommandent l'ouvrage** (Jean Paulhan, Raymond Queneau…). Jean-Paul Sartre, grand écrivain et philosophe du XXème siècle, fera une étude sur le roman et résumera bien l'ouvrage : « *une œuvre classique, une œuvre d'ordre, composée à propos de l'absurde et contre l'absurde* ». Toutefois la critique n'est pas toujours favorable ; un autre roman de Camus, *La Peste*, connaîtra plus de succès que *L'Étranger* à son époque, mais ce dernier roman deviendra rapidement plus célèbre.

Comment Camus voyait-il son roman ?

Albert Camus nous a partagé son point de vue sur son œuvre phare. Voici ce qu'il en dit : « *L'Étranger décrit la **nudité de l'homme** en face de l'absurde.* »[4] ; « *La Peste* [autre roman de Camus] *a un sens social et un sens métaphysique. C'est exactement le même. Cette ambiguïté est aussi celle de L'Étranger.* »[5]

⇨ On comprend que *L'Étranger* a un **aspect social** : **l'absurdité et l'étrangeté des règles de vie collective**. Il a aussi un **aspect métaphysique** (c'est-à-dire lié au sens de la vie, à Dieu) : ici, L'Étranger illustre le **problème du sens de la vie**, l'incompréhension de l'homme face à son sort.

---

[4] *Carnets*, II, éditions Gallimard, p. 36
[5] *ibid.*, p. 50

Les trois cycles d'Albert Camus

L'œuvre de Camus est marqué par **trois périodes différentes**, qu'on appelle les « **cycles** ». Pour chaque cycle, il y a **une thématique**, et des **œuvres** qui s'y rapportent.

Albert Camus a précisé l'**ordre** de son œuvre : « *J'avais un **plan précis** quand j'ai commencé mon œuvre : je voulais d'abord exprimer la **négation**. Sous trois formes. Romanesque : ce fut **L'Étranger**. Dramatique : **Caligula**, **Le malentendu**. Idéologique : **Le mythe de Sisyphe**. Je n'aurais pu en parler si je ne l'avais vécu ; je n'ai aucune imagination. Mais c'était pour moi, si vous voulez bien, le doute méthodique de Descartes. Je savais que l'on ne peut vivre dans la négation et je l'annonçais dans la préface au Mythe de Sisyphe ; je prévoyais le positif* [la révolte] *sous trois formes encore. Romanesque : **La Peste**. Dramatique : **L'état de siège** et **Les Justes**. Idéologique : **L'homme révolté**. J'entrevoyais déjà une troisième couche autour du thème de l'amour. Ce sont les projets que j'ai en train.* »[6]

Il faut préciser qu'avant le 1er cycle (**l'absurde**), on peut mentionner qu'il existe un « **pré-cycle** », symbolisé par le recueil de textes *Noces* (1936-1937), qui symbolise **l'ouverture à la vie, la célébration de la nature et le bonheur dans la simplicité**.

Enfin, il faut souligner que **cette division n'est pas aussi stricte** que cela, étant donné que les thèmes de l'absurde et de la révolte se retrouvent dans les différents cycles. Il s'agit avant tout de lignes directrices fixées par Camus.

1er cycle : l'absurde

⬇

2ème cycle : la révolte

⬇

3ème cycle : l'amour

---

[6] Ces précisions furent données à Stockholm, en 1957, à l'occasion de la remise du prix Nobel de littérature

1er cycle : l'absurde

Ce premier cycle annonce une idée force : **la vie est absurde**. L'absurde, « *c'est la raison lucide qui constate ses limites.* », il « *naît de cette confrontation entre l'appel humain et le silence déraisonnable du monde.* »

Il résulte d'une **incompréhension** de l'auteur face à la vie, car Albert Camus **ne comprend pas sa signification** : « *Je ne sais pas si ce monde a un sens qui le dépasse. Mais je sais que je ne connais pas ce sens.* »

Cette **vision nie le divin, l'au-delà**. L'homme devient sa propre finalité : « *Oui l'homme est sa propre fin. Et il est sa seule fin. S'il veut être quelque chose, c'est dans cette vie.* »[7] Il y a une grandeur à vivre et à faire vivre l'absurde. Ce cycle est incarné par le personnage mythologique **Sisyphe**, qui vit l'absurdité du destin en étant condamné à perpétuité à porter un rocher jusqu'en haut d'une montagne.

<u>Œuvres du cycle de l'absurde :</u>

Un roman : *L'Étranger* (1942)

Un essai : *Le Mythe de Sisyphe* (1942)

L'homme peut dépasser l'absurdité de son destin par sa **lucidité**, sa **révolte tenace** contre sa condition. Revendiquer et vivre l'absurdité, c'est faire preuve de **courage**.

Deux pièces de théâtre : *Caligula* et *Le Malentendu* (1944)

Thème du **dépassement de la condition humaine**, de l'incompréhension, du **mal-être** ; tristesse et absurdité de la vie.

---

[7] Toutes ces citations sont issues de l'œuvre *Le Mythe de Sisyphe* (1942), d'Albert Camus

2ème cycle : la révolte

Dans ce deuxième cycle, Albert Camus évoque la réponse de l'homme devant l'absurde : c'est la **révolte de l'homme face à son sort**. Face à l'incompréhension, Camus affirme que : « *L'une des seules positions philosophiques cohérentes, c'est la révolte. Elle est un confrontement* (sic) *perpétuel de l'homme et de sa propre obscurité.* »[8] .

Même si le monde n'a pas de sens, l'homme doit conserver une certaine **éthique**, et doit **agir** plutôt que s'enfermer dans la passivité ou le renoncement.

Le cycle est incarné par **Prométhée**, un titan qui incarne la révolte par l'engagement au service d'autrui (Prométhée se sacrifie en volant le feu des dieux et en le donnant aux hommes).[9]

Un roman : *La Peste* (1947)

Face à l'**absurde** (*ici : la maladie inattendue, l'aveuglement humain et l'absence de sens*), l'homme se comporte de différentes manières. Le mieux est d'**agir** et **se battre** individuellement pour être sauvé collectivement.

Un essai : *L'Homme révolté* (1951)

La **révolte** naît dès l'oppression ou la négation d'un **droit humain**. Il faut trouver un compromis entre justice et liberté. Il faut trouver l'équilibre après la révolte. « *La vraie générosité envers l'avenir consiste à tout donner au présent.* »

Deux pièces de théâtre :
Les Justes (1949), *L'État de siège* (1948)

---

[8] Albert Camus, *Le Mythe de Sisyphe* (1942)
[9] Lire *Prométhée aux Enfers* in *L'été*, 1946

3ᵉᵐᵉ cycle : l'amour

« *Le troisième étage, c'est l'amour : Le Premier Homme, Don Faust. Le Mythe de Némésis.* »[10]

L'amour est en effet une forme de **révolte face à l'absurde de la vie** : il est **concret** (réunit des êtres humains) et **présent** (se manifeste instantanément).

Ce cycle est incarné par **Némésis**, divinité grecque de l'équilibre et de la mesure.

Le cycle de l'amour n'a pu se matérialiser, étant donné la mort prématurée d'Albert Camus en 1960.

Un roman inachevé : *Le Premier Homme*
(publié à titre posthume en 1994)

Photo de Camus en premier plan, avec le béret

Mettant en scène Jacques, cette œuvre est proche d'une **autobiographie** de Camus : enfance dans une contrée très pauvre d'Algérie. On y lit la célébration de la nature, du pays natal. C'est un roman touchant, car il renvoie à l'enfance de l'auteur.

---

[10] Albert Camus, *Carnets*, 1956

Personnages principaux du roman

L'étranger : Meursault

Meursault, dit « *l'étranger* », est le **personnage central** du roman. C'est un **jeune et modeste employé** qui travaille dans une société algéroise. C'est visiblement **un bon élément**, puisque son patron lui proposera plus tard un meilleur poste à Paris (première partie, chapitre V).

L'histoire tourne autour de ce personnage, et elle débute avec la mort de sa mère. Nous n'avons **pas de description physique** de cet homme ; il pourrait être un anonyme.

Son nom est mystérieux, et on peut l'interpréter de différentes façons :

- *Mare / Sole* : Mer / Soleil. La mer et le soleil ont une place importante dans le roman, c'est d'ailleurs à la plage qu'aura lieu la scène clé, où le soleil tiendra un rôle important (le meurtre de l'Arabe)
- *Mort / Sauf – sauvé* : le thème de la mort et de la vie est très présent dans ce roman
- *Le saut vers la mort*, ou *sauvé par la mort*
- *Morceaux* : tout est morcelé, éclaté, la vie ne donne pas de réponse unique aux question existentielles

Le personnage principal semble **à l'écart** par rapport au monde extérieur, c'est-à-dire par rapport aux gens qui l'entourent et la société. Il a une **personnalité passive**, et a souvent une **attitude détachée** face à ce qui l'entoure. Quand on lui demande quelque chose et qu'il obéit, il n'accepte pas par faiblesse mais plutôt par **détachement**, par **indifférence**. De même, lorsque Marie lui offre son amour, il **l'accepte sans enthousiasme particulier**. Quand le patron lui propose une promotion, il est **sans émotion**. Pareillement lorsque le bandit Raymond Sintès lui propose d'être son « *copain* » il acquiesce **sans montrer d'émotion particulière**, et rend service sans forcément décrypter le mal derrière ; il peut donc se faire **manipuler**, car lui-même n'est pas calculateur ni pervers.

C'est une personne qui **vit dans le présent** et ne se projette pas, ou très peu. Comme Meursault l'écrit dans le chapitre IV de la deuxième partie : « *J'étais toujours pris par ce qui allait arriver, par aujourd'hui ou par demain* ». De ce fait, il **ne prémédite pas** (or, c'est ce que prétend le juge lors du procès de Meursault).

Même s'il se montre **froid et détaché**, Meursault **n'est pas inattentif aux actions des autres hommes** : lorsque Salamano bat son chien (première partie, chapitre III), Meursault l'interroge : « *Alors je lui ai demandé ce que le chien lui avait fait.* » N'obtenant pas de réponse, il ne va pas plus loin (on ne sait pas réellement pourquoi, peut-être encore une fois par **détachement**).

Meursault se montre très **franc dans ses propos**, voire **brutal**. Il peut paraître **naïf** voire simplet, car il ne ment pas et dit la vérité.

Toutefois, on ne peut conclure que Meursault n'a pas de sentiments. Il a un **affect**, un ressenti : ainsi, il ressent **du désir** pour son amante Marie, il **souffre d'ennui**, il a des **regrets**, il a envie de **pleurer** (pendant son procès), il ressent de **l'amitié** envers Céleste, il se remémore des **souvenirs,** il se **met en colère contre l'aumônier**… Au chapitre IV de la première partie, Il **comprend** aussi (sans l'entendre) que son voisin Salamano pleure, signe qu'il est **attentif aux émotions des autres** et aux signes de l'extérieur.

> **À retenir :** Ce serait une erreur d'affirmer que Meursault n'a aucun sentiment. Même s'il apparaît indifférent, il n'est pas **insensible**. Dans sa préface à l'édition américaine de l'Etranger, Camus écrit : « *Loin d'être privé de toute sensibilité, une passion profonde, parce que tenace, l'anime, la passion de l'absolu et de la vérité. Il s'agit d'une vérité encore négative, la vérité d'être et de sentir, mais sans laquelle nulle conquête sur soi ne sera jamais possible.* »

Meursault reste **différent** des autres hommes. Il **ne participe pas au « jeu de la vie »** ; comme il le dit, « *il ne faut jamais jouer* » (deuxième partie, chapitre II), qui affirme l'idée qu'il ne faut pas mentir, ni tricher, ni transformer la réalité. C'est cette attitude qui **causera sa perte**, comme l'écrit Albert Camus : « *le héros du livre est condamné parce qu'il ne joue pas le jeu* ».[11]

Par ailleurs, Meursault est **très attentif au détail** : chaque élément, a priori sans importance, peut être étudié. Meursault est donc très **méticuleux** et **observateur**. C'est un **homme du présent**. Il vit la vie **en instantané**, et nous livre ses impressions **sur le vif**. Toutefois, il peut aussi faire preuve d'**analyse** et de **réflexion** : « *J'avais l'impression que cette morte couchée au milieu d'eux ne représentait rien à leurs yeux. Mais je crois maintenant que c'était une impression fausse.* »

Ne rentrant pas dans le jeu des autres, il ne se plie pas aux croyances des gens, en particulier la **croyance en Dieu** : il affirme son **refus de croire** devant le juge (deuxième partie, chapitre I), puis devant l'aumônier (deuxième partie, chapitre IV).

---

[11] D'après la préface d'Albert Camus à la première édition américaine du roman

Il est aussi **étrange** par le fait que « *ses besoins physiques* » **dérangent souvent ses sentiments** (c'est ce qu'il dit dans la deuxième partie, chapitre I). Meursault incarne l'homme **prisonnier de ses sensations, de son corps**. Ainsi, très souvent la **fatigue**, le **manque de volonté**, la **chaleur**[12], l'**ennui**, perturbent l'homme et le **coupent des dialogues avec l'extérieur, et du dialogue intérieur** (sur lui-même, et sur Dieu).

- Exemples parmi d'autres : « *Le jour où j'avais enterré maman, j'étais très fatigué et j'avais sommeil. De sorte que je ne me suis pas rendu compte de ce qui se passait* » (deuxième partie, chapitre I) « *j'étais trop fatigué* » (deuxième partie, chapitre IV)

En définitive, Meursault est **victime** de son état physique et des circonstances climatiques ; il expliquera qu'il a commis le meurtre « *à cause du soleil* ». Ce n'est qu'après le verdict de sa condamnation à mort, au dernier chapitre, qu'**il se libère enfin**.

Même lorsque le monde cesse d'être indifférent à lui, dans la deuxième partie (après le meurtre commis par Meursault), il a **du mal à être au centre de l'attention**, comme l'illustre ce passage où le juge d'instruction dit : « *Ce qui m'intéresse, c'est vous* », et Meursault pense : « *Je n'ai pas bien compris ce qu'il entendait par là et je n'ai rien répondu.* »

Meursault semble donc <u>asocial</u>, presqu'en dehors de la société des hommes (sans en être totalement détaché, jusqu'à son procès), et il est aussi <u>amoral</u>, c'est-à-dire qu'il est **extérieur** à la morale. Il ne semble **pas saisir le concept du bien et du mal**, et **il cherche à avoir le bon comportement** devant les autres sans toujours y arriver. De même, il **ne se rend pas compte qu'il est mal jugé par les autres**, mais commence à le comprendre à la fin du chapitre V (partie I) : « *j'ignorais jusqu'ici qu'on me jugeât mal à cet égard* ».

Albert Camus a dit que Meursault était « *le seul Christ que nous méritons* »[13] : **étranger aux autres** mais en même temps **sincère**, **incapable de mentir** (rappelons-nous de sa **célèbre conclusion**, au chapitre II de la deuxième partie : « *il ne faut jamais jouer* »). Meursault est également **fataliste** (il accepte

---

[12] Il ne faut pas oublier que la **chaleur de l'été est écrasante** en Afrique du Nord, en milieu de journée.

[13] Camus s'explique sur cette situation en écrivant : « *Il m'est arrivé de dire aussi, et toujours paradoxalement, que j'avais essayé de figurer dans mon personnage le seul Christ que nous méritions. On comprendra, après mes explications, que je l'aie dit* **sans aucune intention de blasphème** *et seulement avec l'***affection un peu ironique** *qu'un artiste a le droit d'éprouver à l'égard des personnages de sa création.* »

les choses comme elles viennent), et **va à l'encontre des normes de la société** (voire il la menace), et il refuse de **juger** trop rapidement (ou bien il refuse de juger tout court).

Il incarne le « *bouc émissaire de la bien-pensance* »[14], la victime d'une société prisonnière de ses conventions et de ses règles. Comme Jésus Christ, il n'a **aucune haine ni aucun désir de vengeance** contre la société brutale qui l'entoure ; il développe seulement de la **colère**. De plus, il n'a **aucune forme d'arrogance ou de fierté**, comme un prophète qui **ne devient pas orgueilleux** malgré son statut privilégié.

Est-il donc un héros ou un martyr ? Cela peut sembler excessif : Meursault a tout de même tué un homme. Malgré tout, on peut dire qu'il reste victime de gens qui veulent **tout savoir** et **tout expliquer**. Meursault est **sacrifié** par une société qui **rejette ceux ne s'intégrant pas** au système qu'elle a créé.

Camus précise que Meursault n'est pas une « *épave* », contrairement à ce que certains ont pu écrire, mais plutôt « *un **homme pauvre et nu**, amoureux du soleil qui ne laisse pas d'ombre.* »

Ainsi, Meursault nous laisse avec un sentiment étrange : il est à la fois **très humain, trop humain**, mais aussi **très différent** des autres humains et parfois insensible. C'est un personnage unique, un **anticonformiste**, un homme exceptionnellement différent des autres, un homme **qu'on n'arrive pas à expliquer**, qui garde une **grande part de mystère**. Il est **resté lui-même**, il a **refusé d'expliquer son étrangeté** : la société, qui ne le comprend pas et n'arrive pas à « l'intégrer », doit donc l'exclure et le condamner.

Mais la faute revient-elle à Meursault, ou bien à la société ?

Le sens du titre « l'Étranger »

Pourquoi Meursault est-il qualifié comme « **étranger** » ? Nous avons déjà décrypté le caractère de Meursault, allons désormais plus loin en essayant de comprendre le titre sous trois aspects :

-   « **Étranger** » **à lui-même** : le héros semble **détaché** de son ressenti et de ses sentiments, **sauf** de son corps (il sait jouir des plaisirs physiques). Il est sujet à la **perception**, au **ressenti**, mais ne paraît pas ouvert à l'émotion ni aux sentiments.

---

[14] Appellation attribuée au cours de l'émission « *Le Gai Savoir* » consacrée à *L'Étranger*, le 21 octobre 2012.

- « **Étranger** » **au monde** : il est **en décalage** avec le monde qui l'entoure, il ne sait pas comment gérer les relations sociales, il ne se fond pas dans la société. De plus, Meursault n'a visiblement **pas bien conscience** de son étrangeté. On n'est pas certain de la nature de ses sentiments, peut-être que lui-même ne les saisit pas. Toujours est-il qu'entre lui et les autres, il y a une barrière, une vitre qui crée une **séparation**, qui empêche le contact et glace les émotions. Ainsi, Sartre écrit : « *Entre le personnage dont il parle et le lecteur, Camus va intercaler une cloison vitrée* ».

- « **Étranger** » **au lecteur** : le lecteur lui-même ne comprend pas bien Meursault. Il est partagé entre une sorte de **tendresse** et de la **répulsion**. En effet, comment comprendre que Meursault ait tiré 4 fois sur le corps de l'homme, qui était déjà à terre ? Comment comprendre ses réactions qui paraissent sans émotion ?

Dans le roman, cette **anormalité** peut provoquer **l'amour** (Marie, sa maîtresse, qui l'apprécie « *parce qu'il est bizarre* ») ou du **rejet** (l'avocat est furieux contre lui : « *Il est parti avec un air fâché* »), voire de la **haine** (le juge devient hystérique quand Meursault lui dit qu'il ne croit pas en Dieu).

Dans tous les cas, Meursault est **incompris** :

- Par son **avocat** : « *Il ne me comprenait pas et il m'en voulait un peu.* »
- Par le **juge d'instruction** : « *il ne le comprenait pas* », « *J'ai eu l'impression qu'il ne me comprenait pas.* » ;
- Par le **public** présent au tribunal, lors du procès : « *personne ne paraissait comprendre* ».

Meursault est donc la **figure centrale du roman**, qui a une personnalité plus complexe qu'il n'y paraît. Il est nécessaire de bien l'étudier pour comprendre l'œuvre.

Notons qu'**Albert Camus ne répond pas à toutes les questions qu'on se pose sur son personnage** : c'est au lecteur d'imaginer certaines des réponses à propos de *L'Étranger*.

Marie Cardona

Note : la grand-mère d'Albert Camus s'appelait Catherine Marie Cardona.

 Marie est une ancienne dactylographe[15], qui avait travaillé au bureau de Meursault à une certaine époque. Meursault la rencontre par hasard au deuxième chapitre du roman, lorsqu'il va se baigner à l'établissement de bains. C'est une **femme belle et élégante**. Elle devient rapidement son amante, sa partenaire.

Elle joue un rôle plutôt **effacé**, mais est souvent présente aux côtés de Meursault. Cependant, on voit qu'elle a **des sentiments pour Meursault** : dans la première partie, au chapitre IV, on comprend qu'elle l'aime. Au chapitre V, Marie le demande même en mariage, et Meursault accepte sans enthousiasme particulier. Une certaine affection pour cette femme semble cependant naître à la plage.

Après l'incarcération de Meursault, elle ira lui rendre visite une fois. Elle sera **souriante mais crispée**. Elle interviendra en tant que témoin lors du procès de Meursault. Devant la dureté du procureur[16], elle **éclate en sanglots**.

À la fin du roman, au dernier chapitre, on ne sait pas ce qu'il est advenu de Marie : **elle n'écrit plus à Meursault** devenu prisonnier. Ce dernier n'a plus qu'un vague souvenir d'elle, et ne ressent **pas vraiment d'émotion** à son égard : « *en dehors de nos deux corps maintenant séparés, **rien ne nous liait** et ne nous rappelait l'un à l'autre. À partir de ce moment, d'ailleurs, le souvenir de Marie m'aurait été **indifférent**. Morte, elle ne m'intéressait plus.* »

Prisonnier, Meursault a recherché sans succès le visage de Marie : « *J'ai dit qu'il y avait des mois que je regardais ces murailles. Il n'y avait rien ni personne que je connusse mieux au monde. Peut-être, il y a bien longtemps, y avais-je cherché un visage. Mais ce visage avait la couleur du soleil et la flamme du désir : c'était celui de Marie. Je l'avais **cherché en vain**. Maintenant, c'était fini. Et dans tous les cas, je n'avais rien vu surgir de cette sueur de pierre.* » **Ironiquement**, Marie Cardona symbolise le plaisir terrestre, alors que dans le christianisme, **Marie mère de Jésus** incarne l'engagement pour Dieu et le détachement pour ce bas-monde.

En définitive, Marie Cardona illustre **la sensibilité, la sensualité féminine et l'amour**, et un **rattachement aux plaisirs terrestres**.

---

[15] Une personne qui retranscrit des paroles à l'aide d'une machine à écrire

[16] Le procureur est le représentant de l'État lors d'un procès. Il peut mener des poursuites en justice au nom de l'État (contre un criminel, par exemple).

Raymond Sintès

Note : « Sintès » est le nom de jeune fille de Catherine, la mère d'Albert Camus

 Raymond Sintès est un voisin de Meursault. C'est un homme bien habillé, petit, aux épaules larges, avec un nez de boxeur (première partie, chapitre III). Il prétend être magasinier mais il est en réalité **souteneur**, c'est-à-dire **proxénète**[17].

Le nom Sintès provient du nom de jeune fille de la mère de Camus, Catherine.

Dans la partie I, chapitre III, Sintès explique à Meursault qu'il a une maîtresse et qu'il lui donne de l'argent. Il dit qu'elle le dépense mal, et il pense qu'elle le trompe. Plus tard, il va la **frapper** jusqu'à la faire saigner.

Il va **manipuler** Meursault afin qu'il témoigne en sa faveur, au commissariat. On voit son vrai visage dans la partie I, chapitre IV : il est **agressif** envers sa maîtresse et l'agent de police, et n'**obéit pas aux ordres** du policier.

Sur la plage, Raymond a un revolver et Meursault le lui enlève afin qu'il ne commette pas de méfait. Meursault ayant gardé ce revolver, va l'utiliser « malgré lui » et tuer l'Arabe.

Raymond Sintès reste tout de même **fidèle à son ami**, pendant le procès : il affirme : « *c'était* **mon copain** » (deuxième partie, chapitre III).

Raymond et Meursault ont un trait de ressemblance, car tous deux **ne se conforment pas aux lois de la société**. Toutefois, Meursault est **amoral (extérieur à la morale)**, tandis que Sintès incarne l'homme **immoral (opposé à la morale)** ; c'est un homme **mauvais** et **brutal**, un « *monstre moral* » (deuxième partie, chapitre III).

---

[17] Quelqu'un qui gagne de l'argent en exploitant des prostituées

Le juge d'instruction[18]

Apparaissant à la deuxième partie du livre (*chapitre I*), c'est un homme aux traits fins, aux yeux bleus, avec une longue moustache grise et « *d'abondants cheveux presque blancs* ». Il est chargé **d'instruire l'affaire** concernant le meurtre commis par Meursault. On découvre que c'est un **chrétien** très croyant. Il **est révolté** parce que Meursault ne croit pas en Dieu, et refuse de se repentir. Il comprend que l'accusé n'est pas un homme comme les autres, et il finira par appeler Meursault « *Monsieur l'Antéchrist* ».

Il incarne la **justice droite et sévère**, et rappelle aussi **l'inquisition religieuse**. C'est « *l'interprète de l'humanité* »[19], qui est garant de la cohésion de la société, et il ne comprend pas ceux qui ne sont pas d'accord avec lui et avec ses valeurs. C'est celui qui **refuse de comprendre**, par ailleurs il **rejette l'idée que la vie ne puisse avoir de sens**. Il symbolise le **manque de lucidité** des personnes prisonnières de leurs croyances.

L'avocat de Meursault

Il apparaît au même moment que le juge. C'est un homme « *petit et rond, assez jeune, les cheveux soigneusement collés* ». C'est un avocat commis d'office (désigné par la justice, souvent pour ceux qui n'ont pas les moyens). Au départ, il est optimiste. Puis, il devient inquiet devant la personnalité de Meursault. Contre ses attentes, il perd le procès. À la fin du roman, on n'a plus de nouvelles de lui.

Les Arabes

Ils sont définis comme un groupe et n'ont pas de nom, ni de prénom. Ils apparaissent au chapitre V de la première partie. Leur attitude est généralement prudente, et ils sont dépeints **comme des fauves** qui attendent leur heure : ils **observent**, **intimident**, et peuvent **se battre** sans que cela ne conduise à la mort. L'un d'entre eux, « l'Arabe », sera tué par Meursault sur la plage, atteint par cinq coups de revolver.

---

[18] Le juge d'instruction est chargé de réunir des informations et des preuves dans le cadre d'une enquête judiciaire.
[19] Appellation donnée dans l'émission *Le Gai Savoir* susmentionnée.

Personnages secondaires

Le concierge et le directeur de l'asile

Apparaissant au début du roman, ils se montrent **gentils** à l'égard de Meursault, à la mort de la mère (*première partie, chapitre I*).

Toutefois, ils sont quelque peu **hypocrites**, et ils deviendront les ennemis de Meursault lors de son procès (*deuxième partie, chapitre III*). En effet, ils vont **témoigner contre lui**, lui reprochant son **indifférence** par rapport à sa mère décédée, lorsqu'il est venu à l'asile.

Ils représentent les **gens bien-pensants**, les « **petites gens** » qui n'acceptent aucune différence et qui sont **mesquins**. Ils incarnent aussi la **pensée conventionnelle de la société**.

Salamano

C'est un autre voisin de Meursault. Il est assez répugnant car il a une maladie qui lui fait perdre ses cheveux, tandis que sa peau se recouvre de plaques et croûtes brunes.

Salamano a un chien depuis huit ans, un épagneul. Ce chien est **malade** lui aussi, pourtant Salamano le **bat** et **l'insulte violemment** (voir partie I, chapitre III). L'homme et l'animal « *se détestent* ».

Un jour, le chien disparaît (chapitre IV). L'homme est **inquiet et a peur qu'on tue son chien** ; une fois que Salamano est rentré chez lui, Meursault entend un bruit bizarre au travers du mur, et comprend que l'homme est en train de **pleurer** dans son appartement. Même s'il maltraite son animal, l'homme est attaché à lui, peut-être par la force de l'habitude : « *J'ai dit au vieux Salamano qu'il pourrait avoir un autre chien, mais il a eu raison de me faire remarquer qu'il était habitué à celui-là* » (c'est Meursault qui parle).

Au moment du procès, Salamano est un des seuls qui **prend la défense** de Meursault, en évoquant son attitude avec le chien et en disant : « *Il faut comprendre, il faut comprendre* ».

L'homme et son chien symbolisent **l'ambiguïté des relations humaines** : elles mêlent parfois **amour et haine**.

Céleste

C'est le propriétaire du restaurant où Meursault aime manger. Céleste et Meursault ont une relation plutôt amicale. Il s'illustrera en **défendant Meursault** lors de son procès, en disant de lui : « *c'est un homme* ». Néanmoins, malgré ce témoignage, Céleste paraît **pathétique** car il ne convainc pas le tribunal.

Le patron de Meursault

Il est plutôt froid avec Meursault, mais montre une certaine sympathie envers lui lorsqu'il revient de l'enterrement de sa mère. Meursault a une relation respectueuse envers lui, il pense qu'il le « *comprend* », mais en réalité, le patron **semble mal connaître** son employé Meursault.

Emmanuel

C'est un collègue de Meursault avec qui il va souvent déjeuner.

L'agent de police

Il incarne **l'ordre** maintenu par la société. Il permet de contrôler la situation entre Raymond Sintès et sa maîtresse (première partie, chapitre IV).

Thomas Pérez

C'est un pensionnaire qui était l'amant de la mère de Meursault, à la fin de sa vie. Il sera interrogé pendant le procès de Meursault.

Masson

Ami de Raymond, il se balade avec lui et Meursault dans le chapitre VI de la première partie. Il défend Meursault pendant le procès en disant qu'il était un « *honnête homme* » et même plus, « *un brave homme* ».

Description détaillée

Première partie

La première partie commence par la **mort de la mère de Meursault**. Le décor de cette partie est varié : Alger et ses environs (Marengo et son cortège funèbre), appartement, plage… De même, on suit dans cette partie des événements variés : **enterrement** de la mère, **rencontre** et **relation avec Marie**, épisode de **Salamano et son chien**, la mauvaise compagnie de **Raymond Sintès** et la lettre de Meursault, les **balades à la plage**, la **bagarre** avec les Arabes, et l'événement capital : le **meurtre de l'Arabe** par Meursault.

On assiste donc à une **lente dégradation**, au long de cette première partie : le roman s'ouvre par la mort de la mère, puis une cascade d'événements entraînent **Meursault vers le fond, l'abîme** : sans en avoir conscience, **il va vers son destin tragique**, qui est accompli presque malgré lui par le **meurtre de l'Arabe**.

Chapitre I

L'action se situe dans les années 1930, à Alger.

Le roman commence avec cette **phrase étrange et perturbante** : « *Aujourd'hui, maman est morte. Ou peut-être hier, je ne sais pas.* » En effet, c'est un matin de jeudi que le narrateur, Meursault, apprend la mort de sa mère par télégramme :

> **TÉLÉGRAMME**
>
> MEURSAULT
>
> MERE DECEDEE. ENTERREMENT DEMAIN.
> SENTIMENTS DISTINGUES.

Meursault prend deux jours de congés auprès de son patron, et s'en excuse.

Il va alors manger dans un restaurant, tenu par son ami Céleste, et retrouve Emmanuel, un autre ami, qui va lui prêter une cravate noire.

Il court ensuite pour attraper l'autobus afin de se rendre à l'asile de Marengo (près d'Alger) où vivait sa mère. Il arrive à l'asile l'après-midi et rencontre le **directeur**. On assiste à un dialogue étrange, où le directeur dit : « *Vous savez, elle avait des amis, des gens de son âge. Elle pouvait partager avec eux des intérêts qui sont d'un autre temps. Vous êtes jeune et elle devait s'ennuyer avec vous* », et Meursault pense alors : « *C'était vrai. Quand elle était à la maison, maman passait son temps à me suivre des yeux en silence.* »

Le directeur laisse alors Meursault dans la salle de veillée mortuaire. Il rencontre alors le **concierge**. La femme décédée est déjà dans son cercueil vissé, et le concierge demande à Meursault s'il doit dévisser la bière[20] pour qu'il voie sa mère, mais Meursault répond : « *non* ». **Il ne veut pas voir sa mère**, ce qui crée un certain malaise et Meursault se sent alors fautif.

MARENGO — L'Hôpital-Hospice - La Façade

Les deux hommes sortent, et le concierge dit à Meursault que **l'infirmière arabe** qu'il vient de voir a le nez détruit à cause d'une maladie.

Le concierge dit qu'il vient de Paris et propose du café au lait à Meursault, qui accepte. Ce dernier lui donne une cigarette, et ils fument ensemble.

Les amis de la défunte viennent ensuite dans la salle. Ils se mettent en face de lui et bougent de la tête. Face à ces regards, Meursault a un sentiment désagréable : « *j'ai l'impression qu'ils étaient là pour me juger* ». Ce passage semble être **annonciateur du procès** de Meursault, dans la deuxième partie du livre.

---

[20] Caisse où enferme un mort

Le lendemain, le **convoi funèbre** commence. Le concierge autorise un des pensionnaires, **Thomas Perez**, à suivre le convoi ; lui et la mère de Meursault ne se quittaient jamais, et les gens de l'asile disaient qu'elle était sa « *fiancée* ». Le vieil homme a du mal à suivre le convoi, et il est finalement distancé par la voiture.

Pendant cette marche, un homme demande à Meursault l'âge de sa mère, mais ce dernier ne connaît pas la réponse. Ensuite, il parle avec l'infirmière en chef, qui lui dit qu'il ne faut pas marcher trop lentement ni trop vite, sinon on risque soit l'insolation, soit la transpiration.

Chapitre II

Le lendemain de l'enterrement, Meursault reprend sa vie monotone, comme si de rien n'était.

Le samedi, il décide d'aller **se baigner** à l'établissement de bains du port, et y **rencontre Marie Cardona**, une femme qui avait travaillé comme dactylo dans la même entreprise que lui. Ils nagent ensemble et rient.

257. ALGER — Bains de Bab-el-Oued

Lorsque les deux se rhabillent, Marie remarque que Meursault porte une cravate noire, **signe de deuil**. Lorsqu'elle apprend que l'homme a enterré sa mère la veille, elle a un geste de surprise.

Elle reste toutefois avec Meursault et va au **cinéma** avec lui.

Au retour, ils vont à l'appartement de l'homme pour passer la nuit ensemble.

Marie part le lendemain matin tôt, avant que Meursault ne se réveille. L'homme passe l'après-midi sur son **balcon**, à **regarder la vie** de son quartier.

Chapitre III

Meursault **retourne au travail**. Son patron se montre sympathique avec lui, ce qui est inhabituel. Avec son collègue Emmanuel, il va déjeuner chez Céleste, puis retourne au bureau.

En rentrant chez lui, Meursault voit son **vieux voisin Salamano** en train de battre et d'insulter son chien. Puis, il rencontre un autre voisin, Raymond Sintès, qui l'invite à dîner. Au cours du repas, Sintès demande conseil à son convive : il dit que sa maîtresse l'a trompé et qu'il l'a frappée, puis elle l'a quitté. Pour se **venger**, Sintès veut écrire une lettre rude à cette femme. Il souhaite que **Meursault écrive la lettre**, et ce dernier **accepte rapidement**.

En remontant à son appartement, Meursault entend le chien de Salamano qui pleure.

Chapitre IV

Le chapitre se déroule une semaine plus tard (un dimanche). Meursault retrouve Marie, et ils vont **nager** ensemble **à la plage**.

153   ALGER. — La Plage Bab-el-Oued. — LL.

Suite à cela, ils retournent à l'appartement et ils passent la nuit ensemble. Les deux amants déjeunent ensemble le lendemain.

Marie lui demande s'il l'aime, mais il répond de façon peu claire : « *je lui ai répondu que cela ne voulait rien dire, mais qu'**il me semblait que non**.* » Cette réponse attriste la jeune femme.

Puis, ils entendent **une violente dispute** entre le voisin Raymond Sintès et sa maîtresse, dans l'appartement d'à côté. D'autres locataires écoutent la querelle, et un **agent de police** intervient ; il gifle Sintès pour n'avoir pas obéi à son ordre (« *"Enlève ta cigarette de la bouche quand tu me parles", a dit l'agent* »).

Un peu plus tard dans l'après-midi, Sintès demande à Meursault qu'il **témoigne en sa faveur**, en disant que sa femme l'a « *manqué* » (trompé). Encore une fois, Meursault accepte.

Les deux hommes sortent, et rencontrent Salamano sur le chemin du retour. Ce dernier recherche son chien qui a visiblement disparu, et il pousse des insultes. Pendant la nuit, Meursault entend Salamano **pleurer** dans sa chambre.

Chapitre V

Raymond invite Meursault et Marie pour passer le dimanche chez un ami, dans un **cabanon près de la plage**. Il raconte qu'un groupe d'Arabes l'a poursuivi toute la journée, et qu'il y parmi eux le frère de la maîtresse infidèle (la femme que Raymond a frappée).

Parallèlement, le patron de Meursault lui propose un poste à Paris, mais Meursault ne semble pas intéressé, ce qui irrite son employeur.

Plus tard, il retrouve Marie et celle-ci lui demande s'il veut se marier avec elle. Meursault lui répond alors que **cela lui est égal** ; il **accepte donc avec indifférence**. Ils se promènent alors dans la ville et parlent peu. Meursault lui dit qu'il projette de dîner chez Céleste, et voudrait y aller avec Marie, mais la femme ne peut pas car elle a « *à faire* ». Le soir, Meursault dîne donc seul au restaurant de Céleste.

Une **petite dame** vient s'asseoir à sa table et commande tous les plats du restaurant. Elle commence à manger frénétiquement et coche les programmes du magazine qu'elle a avec elle. Meursault est **intrigué** par cette dame qui agit comme un automate. Dès qu'elle quitte le restaurant, il la suit (n'ayant « *rien à faire* »), mais bientôt, il la perd de vue.

Il rentre alors chez lui et rencontre le vieux Salamano. Il l'invite chez lui, et l'homme lui **parle de son chien**, qui n'a pas été retrouvé. Il parle avec mélancolie de son animal. Puis les deux parlent de la « *pauvre mère* » de Meursault, et Salamano précise que contrairement au reste du quartier, **il ne l'a pas mal jugé** lorsqu'il a décidé de placer sa mère à l'asile. Meursault se justifie sur son acte, et est surpris d'apprendre qu'on le juge mal pour s'être séparé de sa vieille mère.

Puis Salamano s'excuse auprès de Meursault : il va partir car il a sommeil. Les deux hommes se serrent la main et Salamano évoque encore son chien.

Chapitre VI

Meursault, Marie et Raymond Sintès passent le dimanche au cabanon près de la plage (on est donc un peu plus de trois semaines après l'enterrement). On apprend que Meursault et Raymond ont été au **commissariat**, et que Raymond n'a reçu qu'un avertissement grâce au témoignage de son « *copain* ».

Le matin, le couple profite du cadre agréable.

Après le déjeuner, Meursault, Raymond et un de ses amis se promènent sur la plage.

Ils aperçoivent alors deux Arabes, dont le frère de la maîtresse de Raymond. Une **bagarre** éclate : Raymond est blessé au bras par un coup de couteau.

Plus tard, Raymond et Meursault retournent sur la plage. Les deux Arabes sont encore là, et Raymond a amené un **revolver**. Meursault, pour éviter tout débordement, parvient à lui prendre son arme.

Une fois rentré au cabanon, Meursault ressent le besoin de revenir sur la plage. La **chaleur est infernale** et le **soleil tape fort** ; l'homme en souffre et va chercher une source pour se désaltérer, mais il aperçoit un des deux Arabes au loin. Ce dernier le voit s'approcher et soudain, il sort un **couteau**. Meursault est aveuglé par le reflet de l'arme, il est en sueur et dans un état de conscience

altéré. Il dégaine le revolver et **appuie sur la gâchette** : l'arabe est touché par une balle. Puis, on ne sait trop pourquoi, Meursault tire **quatre autres coups de feu** sur le corps à terre.

C'est le tournant du roman : **le meurtre de l'Arabe**. Le chapitre se termine par ces mots : « *Et c'était comme quatre coups brefs que je frappais sur la porte du malheur* ».

La vie de Meursault bascule.

Deuxième partie

2ème partie

Incarcération — *Rencontre avec l'avocat et le juge* — *ennui en prison ; visite de Marie* — *procès et Condamnation* — *Veille de la mort de Meursault*

Cette seconde partie relate les événements qui ont lieu depuis l'arrestation de Meursault jusqu'à la veille de sa condamnation à mort ; **le décor est plus triste :** **prison, bureau du juge, parloir, cellule,** et enfin, **palais de justice.**

On y suit **l'instruction de l'affaire,** puis le **procès** du personnage principal. Il semble que Meursault puisse échapper à la peine capitale, s'il coopère avec la justice et va dans le sens de ce qu'on lui demande. Mais Meursault ne sait pas « jouer », il va rejeter les règles imposées par la vie en société, et il va **dire toute la vérité**. Cela sera une des raisons qui conduira à sa **condamnation à mort**.

Chapitre I

Meursault a été mis en prison. Il subit plusieurs interrogatoires et rencontre d'abord le juge d'instruction, puis son avocat. Ce dernier le rassure et lui demande de trouver des **justifications à son attitude indifférente** envers la mort de sa mère. Puis, Meursault est interrogé par le **juge d'instruction,** qui veut connaître les raisons ayant motivé le meurtre de l'Arabe.

Le juge l'interroge aussi sur sa mère, en lui demandant s'il l'aimait, et Meursault a une **réponse étrange** : « *Oui, comme tout le monde* ». Le juge et le greffier qui retranscrit l'interrogatoire sont **surpris** par cette réponse. Le magistrat poursuit l'interrogatoire, cette fois sur les cinq coups de feu. Il ne comprend pas pourquoi Meursault a tiré quatre fois après le premier coup, alors que l'homme était déjà à terre. Il répète : « *Pourquoi ? Pourquoi ?* », mais Meursault **reste silencieux.** Le **juge sort alors un crucifix d'argent,** le tend vers

Meursault et il lui parle de **Dieu**, pour le faire **réagir** ; il **s'exclame** et le tutoie même : « *Comment peux-tu ne pas croire qu'il a souffert pour toi ?* ». Il veut que Meursault se **repente** comme un bon chrétien. Finalement, Meursault **refuse son appel** à se « *confier* » au Christ.

On apprend que l'instruction de l'affaire va durer **11 mois**, au cours desquels Meursault doit voir régulièrement le juge, et ce dernier le quitte à chaque fois sur les mots : « *c'est fini pour aujourd'hui, Monsieur l'Antéchrist* ».

Chapitre II

Meursault s'est habitué à sa vie simple, en détention. Il dort beaucoup, se remémore des souvenirs.

Marie vient lui rendre visite une fois, au parloir, mais le bruit ambiant perturbe leur conversation. Ils échangent peu de mots. Marie est souriante, mais a un sourire crispé.

Il trouve un **journal** dans sa cellule, qui relate un **fait divers sordide** : un homme tchèque était parti de chez lui pour faire fortune, et, devenu riche, est retourné dans son village natal 25 ans plus tard. Dans ce village vivaient sa mère et sa sœur. Elles tenaient un hôtel. L'homme prit une chambre en cachant son identité, mettant en évidence le fait qu'il avait de l'argent. Pendant la nuit, la mère et la sœur **tuèrent cet homme** pour lui voler cet argent, ne sachant pas que cet homme était de leur famille. Quand elles se rendirent compte de leur erreur, elles se suicidèrent.

Meursault lira cette histoire de nombreuses fois. Qu'en pense-t-il ? Il se dit que l'homme l'avait « *un peu mérité* » car « *il ne faut jamais jouer* ».

Les jours se suivent et se ressemblent, dans l'**ennui** mais aussi dans la **souffrance** de désirs insatisfaits. Un jour, Meursault se regarde dans sa gamelle de fer, et voit que son image reste **sérieuse**, même quand il essaye de sourire. Il se souvient des mots de l'infirmière[21] et constate : « *Non, il n'y avait pas d'issue* ».

---

[21] Cf. Première partie, chapitre I

Chapitre III

Le procès de Meursault a lieu pendant l'été. L'accusé s'y rend **sans crainte**, **curieux** même. L'homme fait face au tribunal : sont présents la cour, les jurés, les témoins et les journalistes. Il a l'impression d'assister à un **spectacle**, où tout le monde se connaît.

Le président du tribunal questionne Meursault à propos de sa mère, puis sur le meurtre de l'Arabe.

Les témoins sont appelés à la barre. Le **concierge** parle d'abord et dit que Meursault ne voulait pas voir sa mère. Il raconte aussi qu'il a fumé, dormi et pris du café au lait, en présence de la dépouille de sa mère. Le public est **particulièrement choqué** par cette information.

Le **vieux Pérez** (l'amant de Mme Meursault) témoigne lui aussi. Il répond à l'avocat général en disant qu'il n'a pas vu Meursault pleurer. Puis, l'autre avocat rétorque en demandant à Pérez s'il a vu Meursault ne pas pleurer, et Pérez répond de nouveau que non. Ceci fait rire le public.

Puis, **Céleste** est interrogé : il dit que Meursault était « un **ami** » et « un **homme** ». Il tente tant bien que mal de prendre sa défense, en disant : « *Pour moi c'est un malheur* ». Meursault est reconnaissant envers lui : « *c'est la première fois de ma vie que j'ai eu envie d'embrasser un homme.* » Néanmoins, son témoignage ne semble pas faire grand effet.

Marie est également appelée à témoignant. Interrogée avec insistance par le procureur, elle avoue qu'elle a **commencé une relation amoureuse** avec Meursault **le lendemain de l'enterrement**, et a vu avec lui un **film comique** (avec l'acteur Fernandel). Ceci est **très mal perçu** par l'audience. Le procureur utilise ces informations pour accabler Meursault en public. **Marie éclate en sanglots**, en disant qu'on la forçait à dire le contraire de ce qu'elle pensait, et que Meursault n'avait « *rien fait de mal* ». Elle est alors éloignée par un huissier et l'audience se poursuit.

Masson est ensuite interrogé et déclare que Meursault était un « *honnête homme* », et même plus, « *un brave homme* ». Puis c'est au vieux **Salamano** d'intervenir : il dit que Meursault a été bon pour son chien, et justifie le placement à l'asile de la mère, car Meursault n'avait plus rien à dire à sa mère. Il ajoute : « *il faut comprendre* » mais les gens semblent **l'ignorer**.

Raymond (la brute) est le dernier témoin appelé à la barre. Il affirme que Meursault est innocent mais le président le coupe et lui dit que son rôle se borne à répondre aux questions.

Le procureur révèle aussi que Meursault a fait un **faux témoignage** pour Raymond, un proxénète, ce qui **aggrave son cas**. Il prétend que Meursault a **projeté de commettre ce meurtre**, et l'accuse encore de **débauche**. L'avocat de l'accusé est **inquiet** et n'accepte pas qu'on fasse le lien entre le meurtre et le comportement de Meursault face au décès de sa mère.

L'audience se termine et Meursault est ramené à la prison. C'est le **soir** : l'homme goûte à l'ambiance agréable de la ville en soirée, du fond de la voiture.

Chapitre IV

L'audience reprend. Meursault se sent **de plus en plus étranger** à son propre procès. On parle de lui, en son nom, **sans lui demander son avis** (« *Taisez-vous, cela vaut mieux pour votre affaire* », lui dit son avocat). Le procureur présente Meursault comme un **homme sans cœur**. Il prétend qu'il n'a « *point d'âme* » et que son attitude face à sa mère est un **crime**, aussi grave que de tuer son père (allusion à une affaire de parricide devant être jugée le lendemain). Il demande la **peine de mort** contre lui.

Meursault tente de se défendre : il dit qu'il n'a pas voulu tuer l'arabe, et que c'était « *à cause du soleil* ». Cela fait rire la salle.

L'avocat de Meursault hausse les épaules à ces paroles. Il demande alors d'interrompre l'audience et de reprendre l'après-midi.

Le moment venu, l'avocat défend son client : il prétend qu'il y a eu **provocation**, puis il expose Meursault comme une personne **honnête**, dotée de **qualités morales**. Toutefois, l'avocat n'est pas aussi captivant que le procureur (il a « *moins de talent* »).

Meursault ressent de la **fatigue**, par cette chaleur d'été. Il a du mal à suivre son procès. Des souvenirs lui reviennent.

L'avocat fait une dernière plaidoirie pour défendre son client. Le défenseur de Meursault est félicité par des confrères : « *Magnifique, mon cher* ».

À ce moment, Meursault se rappelle de Marie et lui lance un regard. Elle lui adresse un sourire, mais il n'arrive pas à lui répondre ; son cœur est « *fermé* ».

Finalement, après une longue attente, une sonnerie retentit et l'accusé est invité à écouter le **délibéré**[22]. Alors le président du tribunal annonce que Meursault aura la **tête tranchée en public**, au nom du peuple français. C'est la **stupeur**.

Meursault lit de la « *considération* » sur les visages des gens, tandis que les gendarmes et son avocat se montrent doux avec lui. Le président demande alors si Meursault a **quelque chose à ajouter**, et Meursault réfléchit puis dit « Non ». Il est reconduit en prison.

Chapitre V

Meursault a été emmené dans une nouvelle cellule. Il refuse de le voir l'aumônier une troisième fois, et passe la journée à regarder le ciel. **Préoccupé par son avenir**, il reste sonné par la décision et réfléchit à « *savoir si l'inévitable peut avoir une issue* » (il se demande s'il pourra échapper à la peine de mort).

Meursault ressent de la **peur**, il appréhende « *l'aube* » où on ira le chercher pour le guillotiner, ou le « *pourvoi* » qui pourrait retarder l'échéance[23]. Il dort peu et pendant la nuit, il reste très **attentif** à l'arrivée de l'aube. Il vit au jour le jour : quand il n'entend pas des bruits de pas le matin, c'est qu'il a « *encore gagné vingt-quatre heures* ».

Il réfléchit à la mort : gardant toujours l'espoir d'être **gracié**, il reste **pessimiste** et pense que son pourvoi sera rejeté.

Encore une fois, l'aumônier demande à voir Meursault mais il refuse de nouveau. Il **repense à Marie**, qui ne lui a pas écrit depuis longtemps, et se demande si elle s'est lassée ou bien si elle est malade ou morte.

C'est alors que l'**aumônier entre dans la pièce**, et Meursault a un tremblement de surprise. Avec un air doux, il demande à s'asseoir à côté de Meursault, mais ce dernier refuse. Alors, le religieux reste longtemps assis à regarder ses mains.

---

[22] Le délibéré correspond a la **décision qui a été prise par les juges ou les jurés**. Pour un crime jugé en cour d'assises, les juges et les jurés **discutent et confrontent leur point de vue**, puis les jurés **votent à bulletin secret** sur la décision à prendre.

[23] Lorsqu'une décision a été prise, il est parfois possible de faire un **pourvoi** afin que d'autres juges examinent si les règles de droit ont bien été respectées. Le pourvoi peut tre accueilli ou rejeté.

Soudain, il lève la tête et demande à Meursault : « *Pourquoi refusez-vous mes visites ?* » Meursault lui répond qu'il ne croit pas en Dieu et que ça ne l'intéresse pas. L'homme d'Église **l'interroge sur Dieu** et sur la mort, mais Meursault semble détaché bien qu'il ait peur. Alors l'aumônier fixe le prisonnier qui tient son regard, et il dit : « « *N'avez-vous donc aucun espoir et vivez-vous avec la pensée que vous allez mourir tout entier ?* », et Meursault répond alors : « *Oui* ».

L'aumônier espère que Meursault verra un « *visage divin* » avant de mourir, mais c'est peine perdue : Meursault n'avait que le visage de Marie Cardona en tête, et il ne l'a pas trouvé.

Le condamné se lasse de la présence de l'aumônier, qui lui rappelle sans cesse Dieu : « *Il voulait encore me parler de Dieu, mais je me suis avancé vers lui et j'ai tenté de lui expliquer une dernière fois qu'il me restait peu de temps. Je ne voulais pas le perdre avec Dieu.* » Il commence à s'agacer. Alors l'homme d'Église met sa main sur l'épaule de Meursault et lui dit : « *Je suis avec vous. Mais vous ne pouvez pas le savoir parce que vous avez un cœur aveugle. Je prierai pour vous.* »

Sans trop savoir pourquoi, Meursault éclate : il **attrape** l'aumônier par le collet, se met à lui **crier dessus** et à **l'insulter**, et lui dit de ne pas prier. Il lui reproche ses convictions aveugles, et pense en lui-même : « *aucune de ses certitudes ne valait un cheveu de femme* » et qu'il « *n'était même pas sûr d'être en vie puisqu'il vivait comme un mort.* » Il dit que **rien n'a d'importance** et met toutes les choses sur le même plan.

Alors les gardiens interviennent pour arracher l'aumônier des mains de Meursault. Les yeux pleins de larmes, l'homme d'Église regarde un moment le prisonnier avant de partir.

Après le départ de l'homme, Meursault retrouve son calme. Épuisé, il s'endort et se réveille dans la nuit. Ses idées sont claires et il est maintenant **lucide**. Il repense aux événements qu'il a vécus et fait la paix avec son passé. « *Vidé d'espoir* », il s'ouvre aussi à la « ***tendre indifférence du monde*** ».

Le roman se conclut par une **phrase surprenante et étrange** : « *Pour que tout soit consommé, pour que je me sente moins seul, il me restait à souhaiter qu'il y ait beaucoup de spectateurs le jour de mon exécution et qu'ils m'accueillent avec des cris de haine.* »

Analyse des épisodes marquants

Vous trouverez ci-dessous une analyse de certains passages de L'Étranger qui sont très connus. Pour chacun, vous aurez une **proposition de plan** avec du contenu.

À chaque fois, retenez que pour faire un bon devoir, vous devez aborder les points qui sont assez faciles à trouver (par exemple, parler des questions de forme), ainsi que les aspects plus profonds, portant davantage sur le fond du roman, à savoir : l'aspect tragique, la personnalité du personnage principal... On doit sentir une **progression** vers des sujets davantage complexes.

Retenez aussi qu'un bon devoir est généralement une **démonstration**, et non pas une description. Imaginez que le correcteur ne connaît pas le texte. Vous devez **apporter** quelque chose au lecteur, lui faire découvrir une certaine logique dans le passage, et lui donner des **clés de lecture** afin qu'il comprenne mieux l'écrit et la pensée de l'auteur. Votre travail doit être **dynamique** et non pas statique.

Mettez-vous à la place du correcteur et offrez une **analyse complète et précise** du texte, sur le fond comme sur la forme.

L'*incipit* (Première partie, chapitre I)

L'*incipit* [24] de L'Etranger est resté marquant, en raison de sa première phrase : « *Aujourd'hui, maman est morte* ». Cette entrée surprenante nous introduit dans une œuvre spéciale, différente des autres. Comment cette introduction annonce le **caractère unique** de Meursault et le **destin tragique** de ce personnage ?

Nous nous intéresserons d'abord à la **forme spécifique de cet incipit**, avant de voir comment il brosse un **portrait assez dérangeant** de Meursault. Enfin, nous verrons pourquoi cette introduction préfigure **un avenir sombre et tragique** pour le personnage principal.

I.   Un *incipit* triste et dépouillé

a.   Une introduction à la fois classique et originale

Il s'agit d'une introduction au roman. L'incipit permet d'avoir des informations sur l'intrigue, c'est le cas ici : nous comprenons que l'action se situe en Algérie et que le nom du personnage est Meursault : « *Mme Meursault est entrée ici il y a trois ans. Vous étiez son seul soutien.* »

L'incipit garde néanmoins certaines originalités : ainsi, on rentre dans l'histoire sans réelle introduction, « *in medias res* » [25]. Les descriptions sont **quasi absentes** : les personnages présents ne sont pas décrits, si ce n'est le directeur de l'asile. Cela laisse davantage de place à l'imagination, et surtout cela met en avant l'**action**, l'essentiel.

b.   Simplicité, tristesse et ennui

L'incipit est construit avec des phrases très simples : on remarque que le **schéma** « *sujet-verbe-complément* » se répète, ce qui rend le récit facile à lire. L'écriture est fluide, elle ressemble à du « parler écrit » : **les pensées et les mots** dans la vie de Meursault sont **retranscrits sur papier**.

Hormis cette simplicité, le roman s'ouvre par la mort de Mme Meursault. Il y a donc une tonalité de **tristesse**, avec la mort qui flotte par-dessus ce premier

---

[24] « *incipit* » vient du latin « *incipio* », qui signifie « *commencer* ». C'est le début du roman.
[25] « *In medias res* » est une expression latine qui signifie « *au milieu des choses* ». *In medias res* est un procédé littéraire qui consiste à placer le lecteur au milieu de l'action, sans introduction. C'est le cas ici dans *L'Étranger*.

chapitre. D'ailleurs, le **champ lexical** de la mort et de la vieillesse se retrouve dans ce chapitre.

Le concept de l'**ennui** est présent : la mère s'ennuyait en présence de son fils, et pleurait souvent aux premiers jours à l'asile, « *à cause de l'habitude* » selon Meursault.

Enfin, **l'action temporelle est très bornée** : elle s'arrête sur « *hier* », « *aujourd'hui* » « *demain* », avec d'autres considérations limitées (« *deux jours de congé* »). Cela enferme le lecteur dans une **plage de temps très courte**, et ne permet pas de donner de la profondeur ; elle simplifie à l'extrême l'action du récit. De même, les événements s'enchaînent **sans hiérarchisation** : ils se suivent dans l'ordre chronologique, et les événements banals sont relatés l'un après l'autre. Cela contribue à rendre l'intrigue relativement **plate** et **facile à suivre**.

II. Le portrait dérangeant de l'Étranger, Meursault
a. Un récit objectif à la première personne

On remarque que le « *je* » est omniprésent : le livre ressemble à un **journal intime**. L'usage du **passé composé**, du **présent** et du **futur** nous place dans les pensées de Meursault, avec un **point de vue interne**.

L'action est brute, il n'y pas de reconstruction des scènes. **Meursault conte l'histoire, et le lecteur suit**. Il vit l'aventure telle qu'elle est déroulée devant ses yeux, selon la conception de Meursault. Ainsi, il **ne ment pas** (comme dans tout le roman) et **il se corrige de lui-même** : « *je ne sais pas* », signe de son **honnêteté**. Paradoxalement, on pourrait s'attendre à ce que le récit à la 1ère personne soit déformé par la vision de Meursault, mais finalement il s'avère **très objectif**, sans altération.

Il n'y a **pas de description physique** de Meursault. On peut s'immiscer dans sa conscience, cela crée une forme de **proximité** avec le personnage. Malgré tout, il existe une certaine distance, car **on ne peut s'identifier à lui** en raison de son mode de pensée très différent. En effet, étant tourné sur lui-même, Meursault **n'explique pas ses propos** : quand on lit « *cela ne veut rien dire* », on ne sait pas de quoi il parle. On a du mal à comprendre certaines de ses affirmations : « *Elle aurait pleuré si on l'avait retirée de l'asile. Toujours à cause de l'habitude* ».

On observe donc un **décalage** entre la 1ère personne du singulier, censée nous rapprocher de Meursault, et la **répulsion** qu'on peut éprouver par rapport à son comportement et ses pensées.

b. L'insensibilité apparente et paradoxale de Meursault

Le ton adopté par Meursault semble **enfantin** : il dit « *maman* », « *ce n'est pas de ma faute* », et ses **phrases sont peu construites**. Or, ses pensées et réponses **tranchent** avec cette impression : la mort de la mère de Meursault (qui n'est même pas nommée) **n'a pas l'air d'émouvoir** l'homme. Meursault paraît **détaché, insensible** ; il ne se souvient même pas de la date précise de la mort de sa mère. De même, il poursuit sa vie habituelle : « *j'ai mangé chez Céleste, comme d'habitude* ». Il parle même avec un **langage froid, administratif** : la mort de sa mère est une « *excuse* » pour ne pas aller travailler, puis cela sera une « *affaire classée* ». Il paraît **froid, insensible**.

Néanmoins, est-ce que Meursault n'a aucun sentiment ? On ne peut l'affirmer catégoriquement. Il dit : « *je ne savais pas si je pouvais* [fumer] *devant maman* », comme si elle était encore vivante ; les mots « *pour le moment, c'est un peu comme si maman n'était pas morte* » semble accréditer l'idée du choc ou du déni, même si on peut en douter. Il n'en reste que le mot « *maman* » en lui-même renferme un côté affectif. Peut-être que Meursault **n'a pas réalisé** la mort de sa mère et met une barrière entre le monde et ses sentiments.

c. Un sentiment de malaise

L'ouverture du roman par la mort de Mme Meursault rend d'office **l'ambiance assez lourde**. Les **interactions sociales maladroites** de Meursault et **l'apparition de l'infirmière**, au visage mutilé, créent aussi le malaise.

Même si Meursault semble dénué d'émotions, on ressent chez lui une certaine **incertitude** face à l'extérieur, et un sentiment de **culpabilité**. Il est **soucieux de la façon** dont il est perçu :

- Meursault **s'excuse** auprès du patron : « *ce n'est pas de ma faute* »
- Il se sent **coupable** lorsqu'il refuse de voir sa mère morte
- Il ne sait pas s'il peut fumer une cigarette « *devant maman* »
- Il se sent **jugé** par les vieux amis de sa mère

On est aussi **dérangé** par son **attitude** :

- **Dans la forme** : il agit de façon presque **mécanique**. Les événements se succèdent très vite, tandis que les termes de liaison sont quasiment absents (c'est une figure de style nommée **asyndète**[26], qui est un style de **parataxe**) : « *L'asile est à deux kilomètres du village. J'ai fait le chemin à pied. J'ai voulu voir maman tout de suite.* »

---

[26] Figure de style fondée sur la **suppression** des liens logiques et des conjonctions dans une phrase. Exemple : « *Je suis venu, j'ai vu, j'ai vaincu* » (Jules César)

- Dans le fond : il **ne respecte pas les conventions sociales**. Ainsi, il boit un café au lait et fume une cigarette devant le cercueil. Sa **franchise** est assez désarmante : cette honnêteté crée un certain **malaise** car l'homme n'a pas intégré les règles et les non-dits de la société.

Enfin, l'attitude de Meursault est parfois même **révoltante** : ainsi, il ne va pas voir sa mère parce que celui lui prend son dimanche, et aussi à cause de « *l'effort pour aller à l'autobus* » et « *les deux heures de route* ». Ainsi, son obstination à se justifier et à dire la vérité est **excessive**, et entraîne un sentiment de **rejet** : Meursault paraît presque **inhumain**.

Meursault est donc au-delà des normes, et il **va au bout de ses actes** : tout ceci n'a « *aucune importance* » (cette expression reviendra 3 fois dans le roman).

III.   L'annonce d'un déroulé triste, tragique et absurde
a.   Un personnage prisonnier de ses ressentis

Si Meursault paraît comme un être peu sensible, nous ressentons au contraire ses **perceptions** : la **chaleur écrasante**, la vision du visage en **larmes** de Pérez, la description des lieux.

En effet, la **chaleur** et le **soleil** sont déjà présents : « *le soleil débordant qui faisait tressaillir le paysage le rendait **inhumain** et **déprimant*** ». Cela annonce le rôle qu'ils joueront dans la scène du meurtre de l'Arabe.

Prisonnier des sensations et du ressenti, le personnage **ne construit pas d'analyse**, ni dans ses pensées, ni dans sa perception du monde (les descriptions sont simplistes).

De même, prisonnier de lui-même, exclu volontairement, il **est gêné par les marques d'affection des autres** et il les expose timidement : « *Ils avaient tous beaucoup de peine pour moi et Céleste m'a dit : "On n'a qu'une mère."* »

b.   Les indices d'un avenir tragique pour Meursault

Cet incipit semble annoncer, par la **culpabilité** du héros, sa future condamnation par les hommes.

Ce qui confirme ce propos est l'**assemblée des vieux** figés devant l'homme, comme une assemblée des juges, est un **prélude** au procès que vivra Meursault dans la deuxième partie. Ici, Meursault semble **jugé** avant même d'avoir pu dire un mot. Le **cadavre** de la mère rend l'ambiance dramatique, et annonce aussi le cadavre de l'arabe qui sera tué par Meursault.

On sent aussi que la **question religieuse** va se poser, lors de l'enterrement, quand le directeur dit : « *Un dernier mot : votre mère a, paraît-il, exprimé souvent à ses compagnons le désir d'être enterrée religieusement. J'ai pris sur moi, de faire le* *nécessaire. Mais je voulais vous en informer.* » et Meursault narre : « *Je l'ai remercié. Maman, sans être athée, n'avait jamais pensé de son vivant à la religion.* » On comprend que la religion jouera une place dans le roman.

c. L'homme face à son sort difficile

Pendant le convoi, l'infirmière en chef évoque à Meursault le **risque** causé par le soleil : subir une insolation si on va trop lentement, ou bien transpirer si on va trop vite. C'est un **choix difficile** : dans les deux cas, il n'y a **pas de solution satisfaisante**.

Ces remarques de l'infirmière semblent symboliser la **marche de l'homme vers la mort**. Elles aboutissent à cette conclusion de Meursault : « *Elle avait raison. Il n'y avait pas d'issue.* » Comme Sisyphe, l'homme est condamné à **avancer dans la difficulté**. Il sait qu'il va mourir, mais se résigne à continuer sa lutte malgré tout. En cela, cet incipit de *l'Étranger* a un côté philosophique, et annonce la **problématique du roman** : quelle sera l'attitude de l'homme face à l'**absurdité** de la vie et à l'**étrangeté** du monde ?

Conclusion

L'incipit de l'Etranger offre à la fois un **tableau conventionnel et original** : dans la forme, il se rapproche d'un **journal intime**, susceptible de créer une proximité avec le lecteur. Néanmoins, la **personnalité étrange** de Meursault se fait vite jour, ce qui engendre un certain **malaise** chez le lecteur : il comprend que ce personnage est spécial, et se demande comment il va se fondre dans la société et évoluer parmi les autres.

La demande en mariage (Première partie, chapitre V)

Présentation : Cette scène se situe au chapitre V du roman.

Résumé : Le personnage principal se retrouve avec Marie, son amante. Plus tôt dans la journée, le patron de Meursault lui avait demandé de prendre la direction d'un bureau à Paris, et Meursault lui avait répondu avec indifférence que ça lui était « _égal_ ». Dans cet épisode, nous allons de nouveau observer le décalage de Meursault face au monde qui l'entoure, et notamment vis-à-vis de Marie.

Problématique : En quoi cette demande en mariage est-elle atypique ?

I. Une apparence de dialogue

a. Une demande en mariage étrange

Ici, la demande en mariage ne suit pas la logique des choses : c'est Marie qui fait sa demande à Meursault, soit l'**inverse** de la normale. On note aussi que Meursault est très **passif** puisqu'il subit l'action (« _Marie est venue_ **_me_** _chercher_ »).

b. Une attitude différente

Alors que Marie est tournée vers l'**avenir**, Meursault est de nouveau prisonnier du **présent**.

II. Le décalage de Meursault par rapport à Marie et au monde

a. L'acceptation du caractère de Meursault par son amante

Marie tolère la situation car elle a conscience du caractère de Meursault. Elle comprend qu'il est **spontané** et **honnête**, même si elle comprend que cela pourra poser problème dans le futur (« _peut-être un jour je la dégoûterais pour les mêmes raisons_ »).

b. L'étrangeté de Meursault

Il ne sait répondre tout à fait aux attentes des autres, qu'il s'agisse du patron, des hommes de l'asile, ou de sa maîtresse. Ce passage montre de nouveau que Meursault est bien **étranger** à la société qui l'entoure.

Le meurtre de l'Arabe (Première partie, chapitre VI)

Mots clés

Figement, immobilité - basculement - tension dramatique - combat épique - fatalité - soleil - malaise

Analyse

Présentation : La scène du meurtre de l'Arabe (chapitre VI) est l'une des scènes les plus célèbres du roman. Elle est très singulière, à la fois dans le fond et dans la forme. C'est le **passage central du roman** : il démarque « l'avant » et « l'après », et sépare les deux parties du livre. Il expose l'infinie complexité du personnage de Meursault.

Résumé : un ami de Meursault, le brutal Raymond Sintès, est en conflit avec un « Arabe » (le frère d'une de ses maîtresses). Ils en sont venus aux mains ; Raymond a été blessé par un coup de couteau. C'est alors que Meursault a pris le revolver de son « *copain* » pour empêcher tout débordement. Quelques heures plus tard, Meursault se retrouve seul sur la plage.

I.   Un lieu infernal

a.   Un décor enflammé

On est sur la plage, c'est traditionnellement un lieu agréable ; c'est là où Marie et Meursault ont vécu des moments en amoureux. Mais tout bascule. La plage devient le lieu où les hommes se sont battus, et un endroit désagréable : une **fournaise**.

Le **soleil** est ici **écrasant** : « *une plage vibrante de soleil* ». Il provoque même une « *brûlure* », qui devient insupportable. Il va avoir un rôle à jouer dans le meurtre, car ses rayons éblouissent Meursault.

C'est un moment de **flottement**, tout se mélange ; on dresse un parallèle entre cette scène et la scène initiale, avec **le soleil qui fait le lien** : « *le même soleil que le jour où j'avais enterré maman* ». Le soleil paraît être toujours en lien avec la mort.

Cette **chaleur écrasante** a des effets directs sur l'homme : il transpire et la sueur recouvre soudainement ses paupières d'un **voile tiède et épais**.

Le lieu s'est **transformé en une fournaise** : « *l'air enflammé* », « *un océan de métal bouillant* », « *Il m'a semblé que le ciel s'ouvrait sur toute son étendue pour laisser pleuvoir du feu* ». C'est une **allégorie**[27] de l'**Enfer**, il y a une connotation **eschatologique**[28] dans ce passage. Ce passage infernal va connaître son **acmé**[29] avec le coup de feu et le meurtre de l'Arabe.

b. Outils linguistiques

On observe la présence de figures de stylet et de divers outils rhétoriques pour servir le récit, et souligner la dimension épique de la scène.

- **Répétitions** : « *c'était le même (soleil)* » répété à quatre reprises ; « *et chaque fois* », « *à chaque fois* », « *et cette fois* »
- **Personnification** : « *une plage vibrante de soleil se pressait derrière moi* ».
- Le personnage est engagé dans une **lutte** avec les éléments. On retrouve le **champ lexical du combat** : « *acier* » « *lame étincelante* », « *couteau* », « *glaive* », « *épée brûlante* », « *coups* », …
- **Métaphores** : la lumière du soleil est un « *glaive éclatant* », la sueur un « *rideau de larmes et de sel* ».

II.   Un crime absurde, moment de basculement
a. Un combat à l'aveugle, un meurtre injustifié

Les circonstances du meurtre sont **étonnantes** : il n'y **pas de vraie confrontation**, puisque Meursault et l'Arabe ne se parlent pas et ne font que dessiner des regards : « *je devinais* », « *il avait l'air de rire* ».

Meursault ne donne **aucune raison** pour justifier son terrible acte : il faisait seulement « *trop chaud* » ; encore une fois, c'est le thème du **désagrément physique** qui revient, très fréquent dans le roman (Meursault est souvent **fatigué**, ou bien il a **chaud**, etc.).

Il y a un autre élément **absurde, fou** ; Meursault va commettre son crime en deux temps : d'abord un tir, puis, **après un léger moment, quatre autres tirs**. C'est le deuxième temps qui est **incompréhensible**. Pourquoi tirer sur un corps déjà à terre ?

---

[27] Représentation concrète d'un élément abstrait

[28] L'**eschatologie** [prononcé « *eskatologie* »] correspond à la thématique de la fin du monde, de la fin des temps. C'est un sujet souvent abordé en théologie (religion) et en philosophie.

[29] Le mot **acmé**, issu du grec ancien, désigne le **point extrême** d'une tension, d'un propos ou d'une situation. Quasi-synonymes : **apogée**, **climax**

Ceci vaudra la **consternation, la stupéfaction** du juge d'instruction, lors de l'interrogatoire : « *Le juge a passé ses mains sur son front et a répété sa question d'une voix un peu altérée : « **Pourquoi ?** Il faut que vous me le disiez. **Pourquoi ?** »* » (deuxième partie, chapitre I).

On n'arrive pas à expliquer cet acte, d'autant que **Meursault n'a aucune haine visible** contre l'homme qu'il a tué, ni avant ni après.

b. Une rupture bruyante

Au niveau temporel, les choses **s'immobilisent** ; **Meursault n'a plus de repères**. C'est une lutte à trois acteurs puisque **le soleil semble intervenir** contre l'homme.

Puis vient le **premier tir**. C'est avec lui que tout change : « *c'est là, dans le bruit à la fois sec et assourdissant, que **tout a commencé*** ». Le meurtre de l'Arabe signe la fin de la première partie et le début de la deuxième : c'est à la fois une **rupture** et un **commencement** (alors que nous sommes déjà à la moitié du roman).

L'utilisation du **plus-que-parfait** souligne le basculement de l'histoire : « *j'ai compris que j'avais détruit l'équilibre du jour, le silence exceptionnel d'une plage où j'avais été heureux* ». Le plus-que-parfait indique une action terminée, mais peut aussi exprimer le regret.

III.   Un héros tragique victime de son destin
a. Le triomphe de l'action brute sur la réflexion

Le moment où Meursault tire représente un **basculement** : « *c'est là que tout a commencé* ». D'emblée, l'homme apparaît comme une **victime** de son propre corps ; le ressenti, les perceptions, les sensations **priment sur la réflexion**.

En effet, on voit seulement le verbe « *je pensais* » au début de la scène, puis la conjonction de coordination « **mais** » illustre la coupure entre la réflexion et l'action (« *Je pensais (…) J'avais envie (…) **Mais** quand j'ai été plus près, j'ai vu que le type de Raymond était revenu* »).

Le même schéma se reproduit plus tard : « ***J'ai pensé** que je n'avais qu'un demi-tour à faire et ce serait fini. **Mais** toute une plage vibrante de soleil se pressait derrière moi* ».

S'ensuivent alors des **verbes de ressenti**, dénotant surtout des sensations désagréables : « *je sentais* » / « *j'ai senti* » / « *je ne sentais* », « *le front surtout me faisait mal* », « *je voyais* », « *j'ai serré* », « *se pressait* », « *a coulé* », … Tout cela pour aboutir à **l'insupportable** : « *cette brûlure que **je ne pouvais plus supporter*** », puis à la **sensation d'être attaqué** : « *ce fut comme une longue lame étincelante qui **m'atteignait au front*** ».

Il se fie à ses **impressions** : « *Peut-être à cause des ombres sur son visage, il avait l'air de rire* ». Puis c'est le basculement, avec des **verbes d'action** : se produit alors **le geste fatal**, la réalisation du destin tragique : « *j'ai crispé* », « *j'ai secoué* », « *j'ai tiré* ». On observe que le pronom personnel « *je* » est omniprésent : il semble indiquer que Meursault assume la responsabilité de ses actes. C'est lui qui décide d'accomplir ce meurtre, et il prend conscience que son acte est irrémédiable en allant jusqu'à tirer quatre coups supplémentaires. Toutefois, le discernement de l'homme a peut-être été altéré par un contexte défavorable.

b. <u>Meursault, figure tragique, victime des éléments et de son hubris</u>

Meursault est **victime des éléments naturels** : accablé par cette forte chaleur, il a les yeux « *aveuglés derrière ce rideau de larmes et de sel* », cela forme un « *voile tiède et épais* » devant ses yeux. Cela renvoie directement à la **tragédie grecque**, où **la nature s'acharne** sur le héros. Le « *pas en avant* » de Meursault illustre sa rencontre avec le destin tragique.

On assiste à l'**incapacité de Meursault à contrôler son corps** : « *je savais que c'était stupide* ». C'est son corps qui est l'instrument du crime, **le crime n'a pas été conçu ni prémédité** : « *Tout mon être s'est tendu* », et « *la gâchette a cédé* ». C'est comme si le tir de revolver n'était pas de son vouloir.

L'homme fait des actions qu'il sait **contre-productives** : « *Je savais que c'était stupide, que je ne me débarrasserais pas du soleil en me déplaçant d'un pas. Mais j'ai fait un pas, un seul pas en avant* ». Cela fait de Meursault une **figure tragique**, **victime du destin**, qui a des caractéristiques du héros grec : ainsi, l'homme fait preuve d'**hubris**[30], en prétendant pouvoir lutter contre le soleil.

Ce personnage peut aussi être qualifié, selon une terminologie plus contemporaine, d'**antihéros**.[31]

---

[30] Chez les Grecs, l'*hubris* (ou *ubris*) est tout ce qui, dans la conduite de l'homme, est considéré par les dieux comme démesure ou orgueil ; ces traits de caractère doivent alors appeler leur vengeance.

[31] Un **antihéros** est un personnage principal, centre d'une œuvre, qui ne possède pas les caractéristiques traditionnelles d'un héros (le courage, la force, l'honnêteté…)

Conclusion : Cette scène de l'Étranger est centrale : elle constitue une **cassure**, tant au niveau de l'intrigue (l'histoire connaît un tournat) qu'au niveau du personnage principal (la vie de Meursault change, tout comme son état psychologique qui va lentement s'altérer).

À savoir !

L'usage des mots « **l'Arabe** » ou « **les Arabes** », dans ce chapitre et dans l'œuvre, est assez dérangeant, et on pourrait conclure à du racisme de la part de l'auteur.

Toutefois, il ne faut pas oublier qu'Albert Camus a défendu les populations autochtones d'Algérie, qui vivaient dans l'extrême pauvreté (voir le reportage « *Misère de la Kabylie* » publié par le quotidien *Alger Républicain*). Dans ce témoignage, le journaliste-écrivain adopte une attitude compatissante et respectueuse à l'égard des Kabyles, et s'engage pour la dignité humaine. Il restera très affecté par ce qu'il aura vu sur place.

Il faut cependant remarquer que Camus **ne remet pas en cause l'ordre colonial**. On peut penser qu'il reste une sorte de crainte de ce **peuple auquel il n'appartenait pas** : en effet, comme nous l'avons vu, Albert Camus était un descendant de pieds-noirs ; beaucoup d'entre eux vivaient en communauté.

Camus semble donc garder un **regard de colon** malgré tout. Dans d'autres romans de Camus, comme *La mort heureuse*, les Arabes (les Algériens), ont une place secondaire et ne sont pas nommés.

La rencontre avec l'avocat (Deuxième partie, chapitre I)

On observe une **scène dérangeante** : l'avocat demande à Meursault s'il a eu de la peine, le jour de la mort de sa mère. Meursault répond que cela était difficile à dire, que sans doute il aimait bien sa mère, mais que « *ça ne voulait rien dire* ».

Il ajoute aussi cette conclusion dure : « *Tous les êtres sains avaient plus ou moins souhaité la mort de ceux qu'ils aimaient* ».

La rencontre avec le juge d'instruction (Deuxième partie, chapitre I)

Pour ce passage, on peut renvoyer le lecteur au dernier chapitre, qui est un miroir de cette rencontre.

Une chaleur écrasante

Encore une fois, le thème de la **chaleur** revient : « *il faisait très chaud* ». Lorsqu'il s'explique sur le meurtre de l'Arabe, la scène infernale se reproduit dans la tête de Meursault : « *j'ai revu la **plage rouge** et j'ai senti sur mon front la brûlure du soleil* ».

Le juge expose son argumentaire, mais Meursault n'arrive pas à le comprendre : « *À vrai dire, je l'avais très mal suivi dans son raisonnement, d'abord parce que j'avais **chaud*** »

Le décalage étonnant de Meursault

Meursault n'est pas sensible au discours du juge, pour des raisons étranges : prisonnier de ses sensations ou de son ressenti, il a « *chaud* » et il « *éprouve un certain **ennui*** ».

Malgré le meurtre qu'il a commis, Meursault ne parvient pas à se considérer comme un criminel : « *mais j'ai pensé que moi aussi j'étais comme eux* [les criminels]. *C'était une idée à quoi je ne pouvais pas me faire* ». De nouveau, le raisonnement du personnage est limité par sa fragilité face aux éléments.

La résistance obstinée de Meursault à l'appel religieux

Le juge d'instruction va sortir un crucifix et **appelle Meursault à se confier au Christ** : il voudrait que Meursault se repentisse de son crime. Mais Meursault refuse, notamment car il l'a « *très mal suivi dans son raisonnement* », parce qu'il a **chaud** et que le juge lui fait **un peu peur**. Il existe donc une **barrière physique et psychologique** entre le juge et lui.

Cette **incompréhension** va dans les deux sens : le juge est désespéré parce que l'accusé rejette son appel à Dieu, mais de son côté Meursault ne se sent pas compris non plus. Cette constatation revient souvent :

En somme, le juge incarne ici le **représentant religieux** auquel Meursault s'est confié, **sans conviction**. On observe que le vocabulaire religieux est utilisé, car Meursault dit qu'il fait une « **confession** », or en vocabulaire juridique, ce serait plutôt une « **audition** »[32] : « *J'ai à peu près compris qu'à son avis il n'y avait qu'un point d'obscur dans ma **confession*** ».

Cet entretien **n'a pas eu l'effet désiré** : Meursault reste obstinément **incroyant**, il refuse l'appel à Dieu.

<u>Conclusion</u> : Cette rencontre enracine l'Étranger dans son isolement : diminué physiquement, Meursault reste insensible au discours passionné du juge. L'espoir d'une issue favorable semble s'envoler : l'accusé n'apparaît plus que comme un oiseau de mauvais augure, un prophète de malheur (le juge l'appellera « *Monsieur l'Antéchrist* »[33])

Le procès de Meursault (Deuxième partie, chapitre IV)

Le procès de Meursault, un des moments forts du roman, a lieu aux **chapitres III et IV de la seconde partie**.

Deux parties se détachent : d'abord, la scène présente un **exposé de la justice** des hommes (I), et montre que Meursault y est **étranger** (II), même si on décèle en lui de la **nostalgie** et l'éveil de **sensations nouvelles** (III).

<u>Problématique</u> : comment la plaidoirie permet-elle de caricaturer la justice des hommes et mettre en relief la personnalité unique de Meursault ?

---

[32] Dans la religion chrétienne catholique, l'homme qui commet des péchés doit les confesser (= les avouer) devant un homme d'Église, afin qu'ils puissent être pardonnés.
[33] Dans les religions chrétienne et musulmane, l'Antéchrist est un personnage maléfique, un imposteur se faisant passer pour un prophète, qui éprouvera les hommes et en mènera bon nombre en Enfer.

I.   Un exposé froid de la justice humaine

a.   La défense classique d'un avocat

Ici, l'avocat occupe son rôle : il défend son client, Meursault. Ainsi, il parle d'une **provocation** de la part de l'Arabe.

Camus expose toutes les ficelles qu'utilise l'avocat :

- **Il choisit ses arguments avec soin** : il dresse un beau portrait de Meursault en parlant de son **sérieux au travail** et de son rapport avec sa mère

- **Il minimise les torts de son client** : le meurtre commis par Meursault ne serait qu'une « *minute d'égarement* ».

b.   Meursault contre le monde

De l'autre côté, le procureur se montre **extrêmement dur** envers Meursault, et à la fin, l'avocat semble abandonner (il hausse les épaules et demande un renvoi).

On ressent de la **pitié** envers Meursault ; dans cette scène, on observe la **fracture** entre le monde et lui. Il n'a « *rien à faire avec une société dont [il] méconnaissait les règles* ».

Le public va même jusqu'à **rire de lui**, lorsque Meursault tente maladroitement de se justifier : « *J'ai dit rapidement, en mêlant un peu les mots et en me rendant compte de mon ridicule, que c'était à cause du soleil. **Il y a eu des rires dans la salle.** Mon avocat a haussé les épaules et tout de suite après, on lui a donné la parole. Mais il a déclaré qu'il était tard (…)* »

c.   Une justice absurde

Dans cette scène, on **perd ses repères**, et on ne sait plus si Meursault est jugé pour avoir tué un homme, ou pour n'avoir pas pleuré à l'enterrement de sa mère. En effet, les gens **ne se préoccupent pas de la victime** (« l'Arabe » – il n'a même pas de nom) : il semble que pour eux, la victime, c'est la mère de Meursault.

L'avocat s'exclame : « *Est-il accusé d'avoir enterré sa mère ou d'avoir tué un homme ?* ». Lui-même comprend que **la justice n'a pas le sens des priorités**. On note que le public **rit** à cette phrase de l'avocat, signe encore de la farce que représente cette justice : « *le public a ri.* »

De plus, le procureur va jusqu'à **étendre le crime**, en prétendant de façon imagée que Meursault est aussi **coupable d'un autre meurtre devant être jugé**

le lendemain, celui d'un père : « *J'en suis persuadé, Messieurs, a-t-il ajouté en élevant la voix, vous ne trouverez pas ma pensée trop audacieuse, si je dis que l'homme qui est assis sur ce banc est coupable aussi du meurtre que cette cour devra juger demain* [le parricide]. *Il doit être puni en conséquence.* »

C'est le **crime moral** qui est jugé, c'est-à-dire l'**insensibilité** de Meursault, et pas le **crime matériel, le meurtre**. Cela est fait pour montrer l'**absurdité de la justice des hommes.**

II. L'étrangeté frappante de Meursault
a. Le manque d'intérêt de l'accusé

Alors que ce procès est **décisif**, Meursault semble étonnamment **détaché**.

Au début, Meursault rapporte une partie des propos de l'avocat, au discours direct. Néanmoins, l'essentiel de la plaidoirie est au **discours indirect**, et les paroles de l'avocat n'apparaissent pas : « *puis il a continué sur ce ton* », « *il a plaidé la provocation très rapidement et puis lui aussi a parlé de mon âme* ».

Tout cela illustre le **désintérêt de Meursault**. Il n'est pas très intéressé par ce que dit l'avocat, alors que c'est son avenir qui se joue !

b. L'exclusion de Meursault de son propre procès

Ce manque d'intérêt se justifie aussi par l'**exclusion** de Meursault : ainsi, l'avocat va se mettre à sa place, et parler au juge comme s'il était Meursault : « *Il est vrai que j'ai tué* » (c'est l'avocat qui dit cela). Cette rhétorique **surprend Meursault** (« *J'étais très étonné. Je me suis penché vers un gendarme et je lui ai demandé pourquoi. Il m'a dit de me taire et, après un moment, il a ajouté : "Tous les avocats font ça." Moi, j'ai pensé que c'était m'écarter encore de l'affaire, me réduire à zéro et, en un certain sens, se substituer à moi* »). Cela va plus loin : le gendarme demande à Meursault de **garder le silence** (« *il m'a dit de me taire* », « *Taisez-vous* »).

On observe tout de même un **rattachement** à l'espèce humaine, avec Céleste qui affirme, en parlant de Meursault : « *c'est un homme* ».

III. Une recomposition critiquable de la vie de Meursault
a. La trahison et la dureté des hommes

Nous observons ici la **dureté des hommes** : ainsi, le concierge et le directeur de l'asile, qui étaient convenables en présence de Meursault dans le premier chapitre de la première partie, **se retournent contre lui** à présent.

De même, le public ne montre **aucune affection** envers Meursault ; personne n'essaye de le comprendre. L'avocat n'est pas réellement écouté, et encore moins les témoins en faveur de Meursault (Céleste par exemple).

La **dureté du procureur** fait beaucoup de mal à Marie, qui éclate en sanglots.

b. Une reconstruction artificielle du projet meurtrier

Le procès donne lieu à un **retournement** : le procureur parvient, à partir de la vie décomposée et sans but de Meursault, à **élaborer un roman et à recoudre un projet meurtrier** qui accable l'accusé.

Ainsi, les événements décousus et sans cohérence sont **interprétés de façon logique**, et on leur donne **des motivations, des objectifs, des causalités, des conclusions** : comme le narre Meursault, le procureur veut montrer qu'il a agi « *d'une façon réfléchie en quelque sorte.* » Pour ce faire, le procureur organise une « *transposition rationnelle* » des actes de Meursault.

Ainsi, la fréquentation de Marie au lendemain de l'enterrement **démontre** que Meursault est immoral ; le meurtrier aurait pris le revolver des mains de Raymond **dans le but** de tuer l'Arabe ; Meursault aurait tiré « *pour être sûr que la besogne était bien faite* », donc avec un objectif bien précis… alors que la première partie montre bien que Meursault n'avait pas ce projet !

Ceci illustre le **profond décalage** de Meursault avec la logique des hommes, qui est parfois malfaisante.

L'homme projette sa malfaisance sur l'esprit simple de Meursault : Meursault est bien le « *Christ que nous méritons* » dont parlait Albert Camus, il ressemble à un martyr victime de la folie des hommes.

Ce passage illustre aussi la rupture entre la première partie du roman, purement descriptive et chronologique, et la deuxième partie du roman, qui est spéculative et réfléchie.[34]

---

[34] Ainsi, Jean-Paul Sartre compare les deux parties du roman : « *d'une part le **flux quotidien et amorphe de la réalité vécue**, d'autre part la **reconstruction édifiante de cette réalité par la raison humaine et le discours**. Il s'agit que le lecteur, ayant été mis d'abord en présence de la réalité pure, la retrouve sans la reconnaître dans sa transposition rationnelle. De là naîtra le sentiment de **l'absurde**, c'est-à-dire l'impuissance où nous sommes de penser avec nos concepts, avec nos mots, les événements du monde* ». (*Explication de L'Etranger*, Jean-Paul Sartre, *Situations I*, 1947)

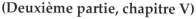

L'excipit (épilogue) : ultime révolte de Meursault
(Deuxième partie, chapitre V)

Dans l'excipit[35], on est avec Meursault dans sa cellule. Il a été **condamné à mort** et attend son exécution. Le monologue final va prendre un ton existentiel : Meursault **prend conscience de son sort**, et voit l'existence sous l'œil d'un **mort en sursis** ; cela produit un **effet de miroir**, car le lecteur est lui aussi un **mort en devenir**, il est **confronté à cette dure réalité**.

Un **aumônier**[36] vient rendre visite à Meursault, et ce dernier va **l'empoigner brutalement**. C'est l'une des scènes fortes de cette fin de roman.

En quoi cette scène est-elle une renaissance et une révolte de Meursault ?

I. La renaissance paradoxale de Meursault
a. Une révolte violente et inexplicable de l'homme

Cet épisode est un **tournant** dans le roman : « *il y a quelque chose qui a crevé en moi* ». Auparavant, Meursault était prisonnier de ses **sensations**, qui vivait dans le **moment présent**, avec **peu de réflexion**. Cette naissance se fait **violemment** : l'homme d'église a les yeux pleins de larmes. Meursault **s'attaque** à l'aumônier, comme pour faire **sortir cette énergie** nouvelle.

b. Le réveil des sentiments

À ce moment extrême, **des sentiments font enfin surface** : **joie**, **tristesse**, **dégoût**, **colère**. Il ressent de la **tendresse** : « *j'ai pensé à maman* ».

II. Le changement de regard face au monde
a. Un changement de style

Le changement se ressent aussi dans la façon d'écrire : on passe du style indirect au **style direct**, les phrases simples deviennent **longues** et **complexes**, et le **vocabulaire s'enrichit**. Le temps de la narration change aussi, on trouve par exemple du **conditionnel**. Le **rythme s'accélère**.

---

[35] *Excipit* est un mot utilisé depuis les années 1990, il désigne la fin d'un chapitre ou d'un livre. C'est un synonyme du mot latin *explicit*, qu'on utilisait avant pour clore un texte, un chapitre ou un livre. Le terme *explicit* paraît être plus juste d'un point de vue littéraire, mais il s'utilise moins à présent.

[36] Un homme chargé de l'instruction religieuse, de la direction spirituelle dans un établissement, un corps (ici, dans une prison).

b. Un éclair de lucidité

C'est à la fin de l'œuvre que Meursault devient enfin **clairvoyant** : il réalise qu'il a été **manipulé**, et **regrette** ses erreurs et son obéissance aveugle à Raymond.

Il **comprend certains détails** qui lui échappaient : il accepte maintenant que sa mère ait pris un fiancé à la fin de sa vie, puisque la mort est la vraie vie.

Toutefois, on ne comprend pas bien **l'origine de cette prise de conscience** : « *je ne sais pas pourquoi* ». Pourquoi maintenant ? C'est le destin qui en a décidé ainsi. Cette prise de conscience a donc un caractère **tragique**, car elle ne dépend pas du héros. Cela dépasse Meursault.

c. Une confrontation directe au monde

On observe une omniprésence du « *je* », et on trouve une **insistance**, une emphase avec le mot « *moi* » : « *moi je* ». Meursault fait d'abord face au prêtre : « *je déversais sur lui tout le fond de mon cœur avec des bondissements mêlés de joie et de colère.* » Puis il se confronte à tous les êtres qui ont croisé sa vie, en les énumérant : le chien, Salamano, Marie, Raymond, etc.

Meursault **revendique sa personnalité unique** par rapport à l'extérieur, il **affirme son identité**. Il a pris conscience de sa **différence**, et revendique sa condition **d'homme étranger aux autres**. Il semble **accepter** son destin et se dit même prêt à revivre le passé. Il s'ouvre à la « *tendre indifférence du monde* ». Il a **accepté son triste destin**, tel un **héros stoïque**[37] (à l'image des **héros grecs** qui se plient au destin tragique).

III. Un dépassement de la situation de condamné

a. L'abandon de l'espoir futur

L'ultime protestation de Meursault contre l'aumônier illustre la **révolte** de l'homme contre l'ordre auquel il est soumis. C'est quand on risque de perdre la vie qu'on prend conscience de sa vraie valeur ; c'est un peu ce qui semble arriver à Meursault. Il attaque physiquement mais aussi **par les mots**, en utilisant l'**ironie** : « *il avait l'air si certain, n'est-ce pas ?* »

Le condamné casse ses chaînes et rejette l'**espoir** que lui donnent les hommes de foi, alors qu'il devrait s'y raccrocher ! Ceci est **paradoxal**. En effet, **la mort est proche**, et souvent les gens deviennent davantage croyants en Dieu lorsqu'ils vont mourir. Il rétorque : « *aucune de ses certitudes ne valait un cheveu de femme* ». On observe ici une confrontation entre le **monde temporel** (le

---

[37] **Stoïque** : qui supporte la douleur et l'adversité avec courage.

monde terrestre, représenté par un élément physique : le cheveu) et le **monde spirituel** (les certitudes de l'aumônier).

C'est la **négation de la croyance religieuse** (Camus ne croyait pas en Dieu). **Les rôles sont inversés** : Meursault semble **avoir compris la réalité des choses,** contrairement à l'aumônier : « *Comprenait-il, comprenait-il donc ?* »

b. La remise en question et le dépassement de son sort

On pourrait croire que, face à l'abandon de l'espoir en Dieu, Meursault soit triste et désespéré. Mais ce n'est pas le cas : à l'aube de sa mort, Meursault **analyse sa vie**. Il estime **qu'il a raison, a eu raison et aura raison**.

Il fait néanmoins preuve de **remise en question** et de **spéculation** : « *j'aurais pu vivre* » ; « *je me suis senti prêt à tout revivre* ». Meursault s'imagine un scénario différent pour sa vie.

Paradoxalement, un **sentiment de puissance** émane de lui depuis cette condamnation. L'acceptation de son destin, l'acceptation de son sort, permet à Meursault de **transcender sa situation**. Il se réveille avec des « *étoiles sur le visage* ».

À la fin, il semble faire **communion** avec la nature qui l'entoure, mais il est en rupture avec les hommes, qui vont l'accueillir avec des « *cris de haine* ». Il goûte à la liberté et a **cassé ses chaînes** : il n'a plus peur de la mort et est prêt à faire face à son destin : « *il me restait à souhaiter qu'il y ait beaucoup de spectateurs le jour de mon exécution et qu'ils m'accueillent avec des cris de haine.* »

Ce final, avec **l'homme face à la haine**, **fait penser à la figure de Jésus Christ** confronté à la méchanceté des hommes.

On ne sait quoi penser de Meursault : homme tragique victime de son destin ? vulgaire criminel qui mérite sa peine de mort ? Le débat reste ouvert… Toujours est-il que sa mort prochaine le **transforme**, on a le sentiment qu'il a **touché à une vérité** que nous ne pouvons pas atteindre. Ce passage, avec une fin aussi marquante, suscite **bon nombre d'interrogations**. Il est à l'image du roman, qui ne donne pas toutes les réponses quant au personnage de Meursault, lequel demeure une **énigme** jusqu'au bout.

Aspects littéraires de l'œuvre

Une « *écriture blanche* » annonciatrice du « *nouveau roman* »

L'Étranger a un **style littéraire** très simple, dépouillé. C'est une forme de **littérature minimaliste**, que Roland Barthes appelle « *écriture blanche* » (il a théorisé cette idée dans son ouvrage *Le Degré Zéro de l'écriture*, 1953). C'est une écriture qui « *se place au milieu de ces cris et ces jugements, sans participer à aucun d'eux* ». Cette façon d'écrire est **libérée des codes, des règles de style** ; « *cette parole transparente, inaugurée par l'Étranger de Camus, accomplit un style de l'absence qui est presque une absence idéale de style* » : on en dit plus en écrivant moins.

« *Écriture blanche* » fait penser « *voix blanche* », c'est-à-dire **une voix plate, sans intonation**. C'est un type d'écriture **distancié**, **neutre** par rapport aux faits. Ce style unique **inspirera** d'autres romanciers français (Sarraute, Butor, Beckett…) qui feront naître le mouvement littéraire du « *nouveau roman* ».[38]

Un style simple et populaire, mais pas simpliste

L'Étranger se démarque par son style assez **simple et primitif**. L'écrit est souvent au **passé composé**, et non au passé simple. Or, les romans utilisent généralement le passé simple (c'est le style référence du récit littéraire).

De plus, le livre oscille **entre le roman et le discours**. Le livre semble être un **dialogue de Meursault avec lui-même** : il se livre, il relate ses pensées, ses observations, les actions autour de lui. Le tout dans un **parler assez populaire**, Meursault étant issu d'un milieu modeste sans être pauvre. Il représente assez bien le parler des Français d'Algérie, qui n'ont eux-mêmes jamais vraiment su se fondre parmi le peuple algérien.

De ce fait, la **lecture de *L'Étranger* est plutôt aisée**.

Toutefois, **simple ne veut pas dire simpliste** ! La sobriété, la pureté d'un texte et la simplicité elle-même, demandent souvent un **vrai travail** ; pour que l'or devienne pur et limpide, il faut le débarrasser de ses impuretés. C'est un peu la même chose ici : pour aboutir à la simplicité apparente de cette œuvre, il a

---

[38] Le « **nouveau roman** » (deuxième moitié du XXème siècle) est un mouvement littéraire qui **casse certains codes** du roman traditionnel : il n'est plus indispensable de se concentrer sur une intrigue, un portrait psychologique ou des personnages. On **refuse** les normes dictées. Ce mouvement incite à davantage de réflexion sur la vie intérieure de l'individu ou sur l'écriture en elle-même.

fallu le **grand talent de Camus** et beaucoup de travail. D'ailleurs, Camus se revendique du **classicisme**, qui s'inscrit notamment dans la répétition : « *On s'approchera sans doute de la vérité en disant seulement que la grande caractéristique de ces romanciers* [classiques] *est que, chacun de leur côté, ils disent **toujours la même chose** et **toujours sur le même ton**. Être classique, c'est se répéter. On trouve ainsi, au cœur de nos grandes œuvres romanesques, une certaine conception de l'homme que l'intelligence s'efforce de mettre en évidence au moyen d'un petit nombre de situations. (...) Être classique, c'est en même **temps se répéter et savoir se répéter**.* »[39]

Par ailleurs, **le style simple et enfantin tranche** avec le **caractère décalé, presque froid, de Meursault** (ce qui crée un malaise – voir la partie suivante sur ce point).

C'est à l'image de **Meursault** : son caractère banal à l'extérieur cache une **profonde complexité**. Meursault est insondable, ambigu.

Point de vue interne mais un narrateur étranger

Dès les premières lignes du roman, on **entre dans le monde du héros, Meursault**. On vit l'histoire de ses yeux : Meursault relate ses **pensées**, à la première personne du singulier, comme s'il écrivait un **journal intime**. On a l'impression d'être dans les pensées de Meursault, c'est une « *parole transparente* », une « *écriture innocente* » comme l'a analysé Roland Barthes. Cela crée une **proximité** avec le narrateur, d'autant qu'on ne sait pas à quoi il ressemble, et au début du roman on ne connaît ni son nom, ni son âge : ainsi, **en théorie on pourrait mieux s'identifier à lui**. En théorie seulement !

En effet, si techniquement on peut donc parler de « **point de vue interne** », on n'arrive pas entrer complètement dans le personnage. Meursault reste paradoxalement **étranger à nous**.

Un récit chronologique, marqué par la parataxe

Le style de narration dans *L'Étranger* est unique. Meursault raconte les événements comme une **succession de faits**, avec **beaucoup de références temporelles** : il n'y a pas d'enchaînement logique, les événements sont **juxtaposés**, sans articulation claire.

---

[39] Albert Camus, *L'intelligence et l'échafaud* in *Confluences*, 1943

On observe ainsi une figure de style fréquente dans le roman, la **parataxe**[40], tandis que l'**asyndète**[41], une forme de parataxe, est très présente. Il n'y a que rarement des **mots de liaisons**, et **pas de justification ni de retour en arrière**, sauf au dernier chapitre (qui représente l'éveil de Meursault). Parfois, on observe quelques maigres conclusions, comme nous allons l'illustrer par la scène du balcon :

La scène du **balcon** (première partie, **chapitre II), illustre cette narration brute, instantanée, chronologique** : « *C'étaient d'abord des familles* » ; « *Un peu plus tard* » ; « *Après eux* » ; « *À cinq heures* » … Et Meursault ajoute ses **observations** en toute simplicité : « *C'était vraiment dimanche* » ; « *et j'ai fait "Oui", en secouant la tête* »

Cela renvoie à la vie de Meursault qui paraît **dénuée de sens** : Meursault **vit, sans but**, et il semble n'être que **spectateur** des événements qui l'entourent. Cet ouvrage qui relate le comportement et le vécu de Meursault, semble s'inspirer du **roman américain.** En effet, le roman américain se base avant tout sur **l'attitude** du personnage, et moins sur sa psychologie.

Les effets de miroir

Au cours de l'œuvre, de nombreux éléments renvoient Meursault à lui-même.
- **Chapitre I** : le concierge qui vient de Paris semble lui aussi être un **étranger**.
- On parle d'une « *affaire classée* » concernant la mort de la mère au premier chapitre, et au dernier chapitre on retrouve l'expression « *affaire classée* ».
- Le **chien de Salamano** semble être le miroir de la **mère de Meursault** : les deux sont délaissés, mais malgré tout, Salamano et Meursault ont de **l'affection** pour eux.
- La présence de l'expression « *trêve mélancolique* » au début et à la fin du roman.
Ces effets de miroir ont été voulus, comme nous allons le voir.

---

[40] La **parataxe** est une juxtaposition de propositions sans mot de liaison. Exemple : « *Je vis. Je pleure. Je meurs.* »

[41] Comme on l'a vu dans l'analyse de l'incipit, l'**asyndète** consiste à **supprimer les mots coordonnants** (*et, mais, ou, or, donc*, etc.). Exemple : « *Tu l'as voulu, tu l'as eu* » (absence du « *donc* »).

Un parallélisme dans la forme du roman

Pour Albert Camus, « *L'Étranger est un livre très concerté dont le sens tient exactement dans le parallélisme des deux parties.* »[42]

En effet, dans les deux parties du roman, on observe des **similarités** : l'histoire est construite en deux parties qui ont une **structure semblable** (qui donne là encore un **effet miroir**).

D'une part, **l'action est chronologique**, ce qui la rend facile à suivre : dans la première partie, l'action commence par la mort de la mère, puis on suit l'histoire de Meursault durant les semaines suivantes. Dans la deuxième partie, on reprend à partir de l'interrogatoire qui suit l'arrestation de Meursault, puis on suit l'instruction de l'affaire, avant d'assister au procès et au verdict final. L'histoire se termine la veille de la peine capitale.

La construction est équilibrée entre les deux parties : à peu près la même quantité de pages, et presque le même nombre de chapitres (six et cinq).

D'autre part, dans les deux cas, **l'action débute par la mort et se termine par la mort** :

1) La première partie commence par la mort de la mère, et termine par la mort de l'Arabe
2) La deuxième partie reprend après le meurtre, et se termine juste avant l'exécution de Meursault.

De plus, la première mort (celle de la mère) commence dans un **milieu fermé**, presque une prison, qui est l'asile de vieillards. La deuxième mort a lieu dans un **espace ouvert**, la plage, où dominent la chaleur écrasante du soleil et la mer, en plein été. La troisième mort a lieu, de nouveau, dans un **milieu fermé**, **carcéral**, celui d'une prison (réelle cette fois-ci).

Enfin, il est question d'une « *trêve mélancolique* » liée au soir, au premier chapitre (« *Le soir, dans ce pays, devait être comme une trêve mélancolique* »), et cette même expression revient au dernier chapitre, comme si la boucle était bouclée : « *Là-bas, là-bas aussi, autour de cet asile où des vies s'éteignaient, le soir était comme une* **trêve mélancolique**. » Là encore, c'est une forme de **parallélisme**, un effet de **miroir**.

---

[42] Albert Camus, *Carnets 2*, Gallimard, 1964

Un antihéros tragique, victime de son sort

Meursault semble incarner l'homme **victime de son destin**.

Dans le premier chapitre, lorsque Meursault présente ses excuses au patron, on ressent comme une **parabole du roman** :

« Je lui ai même dit : "Ce n'est pas de ma faute." Il n'a pas répondu. »

Cette phrase paraît retracer l'histoire de Meursault : un **meurtre** qu'il a commis de façon **mécanique, sans préméditation**, dont il n'est que **l'instrument** d'une volonté supérieure et extérieure à lui ; un **monde dur et indifférent** à lui, qui traite comme tout le monde ; une **sentence brutale et irrévocable**.

Ainsi en est-il, pour Camus, de la vie : **l'homme vit sans savoir pourquoi**, devant une nature **indifférente**, et le couperet de la **mort** tombe tôt ou tard sur lui, sans **prévenir, implacable**.

Le saviez-vous ?

Avant *L'Étranger*, Camus a rédigé un projet de roman intitulé ***La mort heureuse***. Ce projet a été abandonné puis publié après la mort de Camus, en **1971**.

L'œuvre met en scène un homme, Patrice **Mersault** (et non pas Meursault). Ce personnage cherche désespérément le **bonheur**, qui passe selon lui par la **liberté**, l'**argent** (par opposition à la pauvreté, source de malheur) et la fusion avec la **nature**.

Il va lui aussi commettre un **meurtre**, même si cette fois il s'agit d'un suicide déguisé (c'est un homme riche mais handicapé qui va lui demander de mettre fin à ses jours). Ainsi, il ne s'agit pas d'un meurtre semblable à celui commis par Meursault.

Aspects philosophiques et autres caractéristiques de l'œuvre

L'indifférence de la nature

Pour étayer l'absurdité de la vie, Camus évoque le paysage, la **nature insensible à l'homme**, « *l'hostilité primitive du monde* » : il parle de « *l'épaisseur* » et de « *l'étrangeté du monde* » : « *Au fond de toute beauté gît quelque chose d'inhumain* » on remarque « *avec quelle intensité le paysage, la nature peut nous nier.* » C'est un monde qui **n'a pas besoin de nous**.

L'homme doit dépasser cette difficulté, l'enjeu est de « *convertir la déprime en amour* »[43]. À la toute fin du roman, Meursault **dépasse cette inhumanité** : « *je m'ouvrais pour la première fois à la tendre indifférence du monde.* »

Seuls l'humidité et le soir sont une **trêve mélancolique**, le « noir » qui fait oublier le paysage et l'éclairage de la dure vérité.

L'importance du soleil

Le **soleil** contribue à la violence de la nature, ainsi ce soleil rend le paysage « *inhumain et déprimant* » (Première partie, chapitre 1). C'est un **soleil de plomb** qui est **écrasant**. On le voit dès le premier chapitre (avec le passage sur l'insolation ou la transpiration), mais aussi et surtout dans la scène du meurtre de l'arabe, au chapitre 6 (« *une plage vibrante de soleil se pressait derrière moi* »).

La chaleur est omniprésente dans le roman. Elle semble symboliser **l'enfer**, qui s'abat sur la vie de Meursault de façon tragique.

---

[43] Cf. émission *le Gai Savoir*, 21/10/2012

Le **soleil** est intimement lié à l'œuvre de Camus, qui écrit lui-même : « *Je fus placé à mi-distance de la misère et du soleil.* »[44]

Parallèlement au soleil, le **soir** est un moment d'accalmie, de détente après la chaleur. On retrouve tout au long du roman cette « ***douceur du soir*** »[45] souvent attendue. C'est une « **trêve mélancolique** » (cf. partie « *Aspects littéraires de l'œuvre* »). La **fraîcheur du soir rappelle aussi certains souvenirs source de joie**, comme dans l'avant-dernier chapitre du livre : « *J'ai été assailli des souvenirs d'une vie qui ne m'appartenait plus, mais où j'avais trouvé les plus pauvres et les plus tenaces de mes joies : des odeurs d'été, le quartier que j'aimais, un certain ciel du soir, le rire et les robes de Marie* »

La prise de conscience face à la mort : un parallèle avec la maladie de Camus

Meursault semble symboliser la **brutalité** liée au fait de **savoir qu'on va mourir**.

En ce sens, Meursault ressemble à Camus, qui a été **très tôt frappé par la menace de la mort**.

La menace de la mort semble aussi résulter de l'absurde :

- La **condamnation à mort** de Meursault résulte d'un **acte insensé, qu'il a commis sans raison**, parce que le soleil tapait fort et qu'il se reflétait sur le revolver, parce qu'il a eu peur de l'Arabe…

- Le **danger de mort** qui guette le jeune Albert Camus (tuberculose) lui est tombé dessus, **sans raison apparente** : cela lui donne un caractère **d'absurde**, d'**arbitraire**, d'**injustifié**…

Camus découvre la **précarité de la vie** en étant en sursis, en étant menacé par la mort.

Après son crime, Meursault **découvre le monde et la mort**, lorsque son procès commence ; c'est un **choc**, car il est jeune, il jouit de la vie, et par un malheureux concours de circonstances, sa vie va lui être enlevée.[46]

En résumé, on observe un **conflit** : d'un côté, **l'appel de vie**, et de l'autre côté, la **menace prématurée de la mort**.

---

[44] Préface de *L'Envers et L'Endroit*, 1958

[45] Expression utilisée par Meursault au chapitre IV de la deuxième partie

[46] Le secrétaire particulier d'Albert Camus, Roger Quillot, dresse ce parallèle entre l'auteur de l'Étranger et son antihéros.

L'absurdité de la vie

En lien avec la **découverte de la mort**, l'œuvre met en scène l'**incompréhension** de l'homme par rapport au monde.

Comme l'a écrit Camus dans *Le Mythe de Sisyphe* (1942) :

> « *L'absurde naît de cette confrontation entre l'appel humain et le silence déraisonnable du monde* » ;

> « *Ce divorce entre l'homme et sa vie, l'acteur et son décor, c'est proprement le sentiment de l'absurdité.* »

 L'homme, lorsqu'il prend conscience de la mort et qu'il observe **le caractère machinal de l'existence, s'interroge sur le sens de la vie**, et d'après Camus, il ne trouve **aucune réponse** : c'est cela, l'absurde.

Il existe un **désir d'unité et de transparence des hommes**, mais il n'est pas satisfait parce que le monde est **divers** et **obscur, opaque** : on est dans **l'incertitude** permanente.

Dans *L'Étranger*, Meursault incarne l'homme **objectif**, qui a un **regard neutre** sur les choses, et **ne se laisse pas emporter**. Il a reconnu **l'absurdité de la vie**, contrairement au juge d'instruction, qui refuse l'idée que la vie n'ait pas de sens et **perd son sang-froid**. Meursault a une **vision froide** des choses : « *tout le monde sait que la vie ne vaut pas la peine d'être vécue* » (dernier chapitre du livre).

La délivrance de la mort

Face à l'absurdité de la vie, **la mort apparaît comme une délivrance**, une **libération** (attention : il ne s'agit pas de la mort volontaire – le suicide – car selon Camus, le suicide est une fuite en avant et ne résout pas la question de l'absurde[47]).

L'appel de la mort se fait au dernier chapitre, lorsque Meursault évoque l'exécution publique à laquelle a assisté son père. Il pense alors : « *Comment n'avais-je pas vu que rien n'était plus important qu'une exécution capitale et que, en somme, c'était la seule chose vraiment intéressante pour un homme ! Si jamais je sortais de cette prison, j'irais voir toutes les exécutions capitales.* » Pour Meursault, la mort semble être la seule **chose importante**, qui soit spéciale, dans une vie sans intérêt.

---

[47] Voir en cela *Le Mythe de Sisyphe,* où Camus développe cette thèse.

L'aspect attirant et **libératoire** de la mort est illustré par le décès de la maman, puis du fils Meursault (Deuxième partie, chapitre V) :

- **Pour la mère :** la mort semble être une libération : « *elle avait joué à recommencer* » à la fin de sa vie, en prenant un amant ; « *Si près de la mort, maman devait s'y sentir **libérée** et **prête à tout revivre**.* » Par conséquent, Meursault affirme : « *Personne, personne n'avait le droit de pleurer sur elle.* »
- **Pour le fils :** « *Et moi aussi, je me suis senti **prêt à tout revivre**.* » « *Comme si cette grande colère [contre l'aumônier] m'avait **purgé du mal**, vidé d'espoir* »

Pour eux deux, l'enfermement semble avoir été un **éveil** et la mort devient une **libération**.

Une remise en question de notre quotidien

Meursault raconte les choses de façon **très neutre et plate**. Il décrit froidement le comportement des gens. Cela a un effet sur nous : nous **prenons de la distance** avec la « **normalité** », et on se rend compte que notre société est gérée par beaucoup de comportement et réflexes qu'on a appris, et qui sont parfois **artificiels** voire hypocrites.

Meursault a un **œil neuf**, il ne hiérarchise pas (contrairement à nous). **Aucun détail n'est sans importance.**

L'homme prend le temps de vivre, de s'ennuyer, et **d'observer le monde** qui l'entoure, avec peu de filtre, parfois même de **façon brute et déplaisante** (exemple : lorsqu'il décrit les larmes de Pérez au chapitre I : « *De grosses larmes d'énervement et de peine ruisselaient sur ses joues. Mais, à cause des rides, elles ne s'écoulaient pas. Elles s'étalaient, se rejoignaient et formaient un vernis d'eau sur ce visage détruit.* »)

La vision de Meursault est donc souvent **froide**, mais pas toujours. Ainsi, nous prenons **plaisir** à lire la description des Algérois, lors de la scène du balcon (première partie, chapitre 2).

Que ces descriptions soient agréables ou pas, on observe que Meursault est **très éloigné des problématiques** des autres gens : travail, relations amoureuses, religion… Tout lui paraît **sans importance** : « *cela n'avait aucune importance* ». Suite à son dialogue avec le patron, on comprend qu'il avait des ambitions étant étudiant, mais finalement : « *quand j'ai dû abandonner mes études, j'ai très vite compris que **tout cela était sans importance réelle**.* » Concernant le mariage, il dit : « *Je lui ai expliqué* [à Marie] *que cela n'avait **aucune importance**.* » Vis-à-vis du juge, qui souhaite sa confession, il veut répondre : « *J'allais lui dire qu'il avait tort de s'obstiner : ce dernier point n'avait **pas tellement d'importance**.* »

Dans ces descriptions, l'homme semble important par **ses petits actes anodins**.

La lecture de l'*Étranger* nous fait réfléchir sur notre mode de vie et notre façon de faire : **Quel est le sens de tout cela ? Qu'est-ce qui nous anime ?** Le personnage nous expose certains de nos **comportements drôles et parfois absurdes. Les hommes ressemblent à des fourmis** qui s'agitent dans une vie qui se terminera bientôt.

Ainsi, ce roman nous conduit à nous **remettre en question**, et à **réfléchir sur notre quotidien**, et à méditer sur **la brièveté de notre vie**.

La force de l'habitude et du temps

Dans un monde dénué de sens, c'est l'**habitude** qui rattache l'homme à la vie. Nous conduisons une partie de notre vie en ne faisant que suivre des habitudes, et ces habitudes ont un « *caractère dérisoire* » qui peut conduire à se donner la mort.[48]

On ressent cette force de l'habitude à travers la mère de Meursault, qui est triste et pleure « *à cause de l'habitude* ». On remarque aussi **l'habitude mauvaise**, avec **le mauvais traitement qu'inflige Salamano à son pauvre chien** ; ce comportement abject du maître envers son chien se perpétue depuis 8 ans, sans raison apparente (voir le chapitre 2 de la première partie). L'absurdité de ces comportements apparaît ici. À la fin du roman, c'est Meursault qui s'habitue à sa condition de **prisonnier**. Il dort 16 à 18 heures par jour, les journées se ressemblent. On peut **s'accommoder de sa situation** par la force de l'habitude. On lit ainsi, dans le chapitre 2 de la deuxième partie : « *Il y avait plus malheureux que moi. C'était d'ailleurs une idée de maman, et elle le répétait souvent, qu'**on finissait par s'habituer à tout**.* »

En outre, le temps a une place importante : le **temps de loisir** est une thématique qui revient, tandis que le temps de travail est oublié. Seule l'histoire ayant lieu pendant les congés, ou en dehors du travail, semble être intéressante. L'usage du **passé composé** illustre la **dynamique du temps** et sa pression (le passé composé paraît plus vivant que le passé simple, qui est le récit traditionnel de la narration).

---

[48] Ce concept est développé, de nouveau, dans *Le Mythe de Sisyphe*

Le doute et l'absence de réponse

Comme l'a écrit Jean-Paul Sartre, « *L'Étranger n'est pas un livre qui explique : l'homme absurde n'explique pas, il décrit.* »[49]

Ainsi, on ne trouve **aucune explication ni justification** à l'attitude de Meursault. C'est la **théorie du roman absurde** ; on ne peut pas justifier l'injustifiable ! Ainsi, **on ne comprend pas le meurtre** : les façons de voir de Meursault et du juge sont toutes les deux discutables : le lecteur n'arrive pas à trouver une **conclusion**, et **n'arrivera sans doute jamais à comprendre** la personnalité de Meursault.

L'Étranger témoigne donc de l'**absence de réponse sur le fond des choses**. La vie paraît **absurde**, et *L'Étranger* est **absurde lui aussi** : Camus **ne cherche pas à donner une réponse** aux questions existentielles : le sens de la vie ? la mort ? Il y a la vie, et le reste est inconnu.

D'après son créateur Camus, Meursault n'est « *jamais sûr de ses sentiments* ». Il ne veut affirmer que ce dont il est certain.

Notons aussi que Camus ne recherchait pas à faire une **œuvre extraordinaire** : *L'Étranger* est un « *feuillet de la vie* » d'Albert Camus, comme l'écrit Jean-Paul Sartre. À ce titre, il fait penser au roman *Madame Bovary* de Flaubert, qui tourne autour du « rien », des **événements banals qui débouchent sur une fin tragique**.

Le rattachement à l'existentialisme

Même si Camus s'en défend, il semble que *L'Étranger* semble se rattacher à l'**existentialisme**, en ce sens que *L'Étranger* s'inscrit dans la même lignée que les romans de Sartre.

Cette philosophie part du postulat que **la vie n'a pas de sens** : c'est le courage de reconnaître « *l'absence de toute raison profonde de vivre, le caractère insensé de cette agitation quotidienne et l'inutilité de la souffrance.* »[50]

L'existentialisme repose sur l'idée que la vie est incompréhensible, mais que l'homme peut trouver un sens par ses **actes**. Il devient le créateur de sa vie.

Ainsi, Meursault est une personne qui **vit au présent**. Il calcule ses actes dans l'immédiateté. Il ne s'embarrasse pas de conceptualisation ni de réflexion (sauf à la fin du roman). **Il vit**, tout simplement.

---

[49] Jean-Paul Sartre, « *Explication de L'Étranger* », *in* Situations I, 1947.
[50] Albert Camus, *Le Mythe de Sisyphe*, chapitre I

L'incompréhension des convenances sociales et morales - Le refus du mensonge

Meursault paraît **ne pas bien comprendre les normes de la société**, ce qu'on est censé faire dans telle ou telle situation. Pour Camus, il est « *atteint de la folie de la sincérité* »[51]. Il paraît **naïf**, alors qu'il est surtout **authentique** et **ne supporte pas de contourner la vérité**. Comme le dit Camus, **il est coupable car il refuse de mentir.**

Camus **explique ce qu'il entend par « mentir »** : « *Mentir ce n'est pas seulement dire ce qui n'est pas. C'est aussi, c'est surtout **dire plus que ce qui est** et, en ce qui concerne le cœur humain, **dire plus qu'on ne sent**. C'est ce que nous faisons tous, tous les jours, pour simplifier la vie.* Meursault, contrairement aux apparences, ne veut pas simplifier la vie. Il dit ce qu'il est, **il refuse de masquer ses sentiments** et aussitôt la société se sent menacée. On lui demande par exemple de dire qu'il regrette son crime, selon la formule consacrée. Il répond qu'il éprouve à cet égard plus d'ennui que de regret véritable. Et cette nuance le condamne. »

Dans la vie en société, nous mentons tous plus ou moins pour « **simplifier la vie** » (citation d'Albert Camus). Par exemple, les gens disent invariablement "ça va", même quand ça ne va pas.
Meursault **refuse calmement** de faire ceci, il n'accepte pas de « **rentrer dans le jeu** ». Cela le transforme en une personne **anormale**, **dangereuse** même.

Le personnage principal du roman cherche toutefois à se conformer à une **société qu'il ne comprend pas**. Il devient alors **bizarre**, **décalé** par rapport aux autres.

- Dans le premier chapitre, lorsque le patron apprend la mort de la mère de Meursault et fait un drôle d'air, Meursault répond : « *ce n'est pas de ma faute* », des mots un peu déplacés. Meursault est **soucieux de faire ce que la société attend de lui**, sans bien comprendre le sens moral ou social : « *j'ai pensé alors que je n'aurais pas dû* », « *je n'avais pas à...* », « *c'était plutôt à lui de...* ».

- Quand le juge d'instruction lui demande s'il aime sa mère, Meursault répond : « *Oui, comme tout le monde* » (deuxième partie, chapitre I). Encore une fois, **il se conforme à ce que la société attend de lui**. Il ne met aucun affect, on ne sait pas s'il aime vraiment sa mère, ou s'il répond pour faire plaisir au juge.

---

[51] Enregistrement vocal d'Albert Camus parlant de son roman, en 1954

Il y a certaines choses que la société **accepte** et d'autres qu'elle n'accepte pas :

- La société **accepte** qu'une vieille dame ait un amant à l'asile… mais cette même société **refuse** qu'un homme ayant tout juste perdu sa mère prenne une maîtresse.

- Les gens **sont davantage choqués par l'absence de témoignage de tristesse** de Meursault, à l'occasion de la mort de sa mère, que par la mort de l'Arabe.

Meursault ne **comprend pas** la société qui l'entoure, mais **essaye** malgré tout de s'y intégrer. À l'inverse, **cette société ne veut pas le comprendre**. Elle **condamne durement** tout « **dissident** », tout personne qui ne s'aligne pas. Ainsi, on lit dans la deuxième partie, chapitre III, que le tribunal écoute à peine la défense de Meursault, et « *personne ne paraissait comprendre* » lorsque les témoins plaident pour l'accusé.

Cette histoire de Meursault nous renvoie aux **paradoxes et incohérences de notre société**. Notre communauté est basée sur des notions de **bien**, de **mal**, de **choses à faire** et de **choses à ne pas faire**. Elle refuse de se remettre en question. Lorsqu'un homme comme Meursault ne se conforme pas à cette société, il en est **exclu**, il en devient « **étranger** ». Même à la fin du roman, il reste répudié par les gens : « *il me restait à souhaiter qu'il y ait beaucoup de spectateurs le jour de mon exécution et qu'ils m'accueillent avec **des cris de haine*** ». Cette posture fait penser, comme nous l'avons dit, au **Christ rejeté par les hommes** au moment de sa condamnation à mort (n'oublions pas la célèbre phrase de Camus : « *Meursault est le seul Christ que nous méritons.* »)

Ce roman **nous met face à nos contradictions** et **nous incite à changer de regard** par rapport à notre quotidien et notre mode de pensée. Il montre aussi qu'il est **difficile d'être en désaccord avec l'ordre établi** : le simple fait de ne pas être intégré dedans nous **exclut** immédiatement. De plus, ici, c'est un homme qui **disait la vérité et refusait de mentir**, qui a été condamné à mort. Ceci paraît donc **très injuste**, dans un certain sens.

L'absence de morale

L'œuvre amène à s'interroger sur l'absence de morale. Meursault est le « **coupable innocent** », c'est « **l'homme de l'immédiat** »[52], dans le sens où il n'a pas de filtre. Son honnêteté lui vaut en partie sa condamnation. C'est pour cela qu'il peut paraître **idiot, simplet**. Il n'a pas modifié son mode de pensée par rapport à l'extérieur, de ce fait, il est **sincère**, et va **heurter la société**. Meursault semble représenter **l'homme à l'état de nature** (selon Rousseau), intrinsèquement bon, pur et **sans jugement**, mais ici, inadapté à une société différente de lui.

Meursault **n'a pas de morale**, mais il n'est pas au fond de lui immoral (à la différence de Raymond Sintès). Il est plutôt **amoral**, même si dans la philosophie de Nietzsche, c'est « **l'immoralisme** » qui renvoie à l'absence de morale.

Le refus du religieux

L'Étranger offre une **vision très dépassionnée** du monde, un monde **vidé du religieux**. C'est comme si Meursault était le seul à avoir « compris » l'absurdité de la vie. En effet, d'après Camus, la croyance en l'existence du divin, le recours à la transcendance, relève non pas du suicide physique mais du « *suicide philosophique* » : l'appel à Dieu sert, selon lui, **à justifier et calmer les inquiétudes des hommes**, en se projetant vers l'avenir, au lieu d'agir au présent ; pour l'auteur, **l'espoir n'est pas une réponse** face à l'absurdité de la vie.

L'antihéros de L'Etranger incarne donc la pensée de Camus ; son **athéisme** suscite l'incompréhension et l'indignation du juge d'instruction (deuxième partie, chapitre I), lorsqu'il **demande à Meursault s'il croit en Dieu** : « [le juge] *m'a exhorté une dernière fois, dressé de toute sa hauteur, en me demandant si je croyais en Dieu. J'ai répondu que non. Il s'est assis avec indignation* ». Puis, le juge propose juste après à Meursault de se « *confier* » au Christ, mais il refuse encore. À partir de ce moment, le juge appellera alors Meursault « *Monsieur l'Antéchrist* ».

Ici, le juge incarne le **fanatisme religieux**, qui manque de recul. Albert Camus paraît se moquer de ceux qui ont un **espoir aveugle en l'au-delà**, et qui se raccrochent à cela **pour donner un sens à leur vie**.

Cette **opposition au religieux** va culminer au dernier chapitre, lorsque Meursault violente l'aumônier. Ainsi, malgré l'approche de la mort, Meursault

---

[52] C'est ainsi qu'il est qualifié dans l'émission *Le Gai Savoir* consacrée à Albert Camus et à *L'Étranger*, le 21 octobre 2012.

reste paradoxalement **fidèle à sa conviction** ! Au lieu d'avoir peur et de se rapprocher de Dieu, **il persiste à ne pas croire en Dieu** et assume son choix.

Cette **obstination de Meursault** symbolise la **vision athée** présente chez Camus, et très courante durant le XXème siècle. Elle semble être la posture **courageuse**, à l'opposé de la croyance religieuse qui **semble farfelue**. Ainsi, Meursault est très **calme**, et **le juge panique** lorsque sa croyance est remise en cause : « *Voulez-vous*, s'est-il exclamé, *que ma vie n'ait pas de sens ?* », puis il crie « *d'une façon déraisonnable* ».

La religion est ici représentée comme un moyen de se rassurer, et Meursault paraît avoir dépassé cet état, puisqu'il est **libéré** de cela. **Les rôles sont donc inversés ici** : le meurtrier Meursault incarne **l'homme sage et lucide**, qui a compris que face au monde absurde, il faut faire face et affronter notre condition. À l'inverse, le juge incarne **l'homme insensé**, qui s'accroche à de vains espoirs et se voile la face devant la réalité de la mort.

Critique de la peine de mort, du milieu carcéral et de la justice des hommes

Le roman prend une tonalité militante, quand on sait que Camus était **opposé** depuis toujours à la peine de mort, comme on le lit dans son essai *Réflexions sur la guillotine* (1957). Il considérait la peine capitale comme une barbarie, et comme une punition injuste d'un point de vue juridique. Il a ainsi écrit, dans l'ouvrage susmentionné : « *Selon un magistrat, l'immense majorité des meurtriers qu'il avait connus ne savaient pas, en se rasant le matin, qu'ils allaient tuer le soir.* » Cette absence de préméditation, de planification du meurtre, semble donc justifier une certaine clémence.

Ainsi en est-il de Meursault, dans le roman, qui **n'avait pas projeté de tuer l'Arabe**, et qui sera **puni de mort** pour son crime (sans compter son "crime moral", jugé encore plus grave). Néanmoins, **l'ambiguïté** du roman repose sur la question suivante : Meursault est-il vraiment victime d'une erreur judiciaire, ou a-t-il mérité sa peine ? C'est encore une question du livre qui reste en suspens, et c'est au lecteur de chercher une réponse.

Outre une condamnation de la peine de mort, on peut déceler dans ce roman de Camus une **critique du milieu carcéral, de la prison,** (en particulier dans le chapitre II de la deuxième partie). En effet, on se rend compte que priver quelqu'un de **liberté**, c'est une **peine très dure**, notamment parce qu'elle empêche les hommes de profiter des plaisirs de la vie (pour Meursault, il s'agit surtout des « *femmes* » et des « *cigarettes* »). Ainsi, Meursault dit au gardien-chef de la prison qu'il trouve « **ce traitement injuste** », puis il comprend, en discutant, que la punition infligée par la prison, c'est justement la **privation de la liberté**, l'un des plus grands trésors de l'homme. Ainsi, le chapitre 2 de la deuxième partie se termine par cette phrase : « *Non,* ***il n'y avait pas d'issue*** *et* ***personne ne peut imaginer ce que sont les soirs dans les prisons.*** »

On peut réfléchir à ce sujet : peut-être qu'il existe **d'autres punitions moins cruelles** ? Peut-être qu'une sentence forte mais brève vaut mieux qu'une privation de liberté, d'apparence peu douloureuse mais en réalité très dure à vivre pour l'homme.

Dans tous les cas, la **justice humaine** et ses **fragilités** paraissent évidentes : on voit que le procès ressemble à une **mise en scène**, à un **spectacle**, alors que les décisions prises sont **très graves**. Elles sont parfois même **difficiles à comprendre**, et **variables selon les circonstances**. De telles sentences peuvent manquer de fondement, alors que leurs **effets sont importants** et parfois même **dramatiques**. Ainsi, cette constatation de Meursault au dernier chapitre résume la situation :

« *Malgré ma bonne volonté, je ne pouvais pas accepter cette certitude insolente. Car enfin, il y avait une* ***disproportion ridicule*** *entre le jugement qui l'avait fondée et son déroulement imperturbable à partir du moment où ce jugement avait été prononcé. Le fait que la sentence avait été lue à vingt heures plutôt qu'à dix-sept, le fait qu'***elle aurait pu être tout autre***, qu'elle avait été prise par des hommes qui changent de linge, qu'elle avait été portée au crédit d'une notion aussi imprécise que le peuple français (ou allemand, ou chinois), il me semblait bien que* ***tout cela enlevait beaucoup de sérieux à une telle décision.*** »

Pour conclure, on peut dire que *L'Étranger* met en lumière le mal résidant dans la **peine capitale** ainsi que dans certaines **peines de prison**, en particulier la prison à vie (perpétuité). En exposant les dysfonctionnements du procès de Meursault, Camus montre aussi que **la justice des hommes est loin d'être parfaite**.

Ressources complémentaires en lien avec l'œuvre

Nous vous conseillons d'écouter la **lecture de L'Étranger**, réalisée par Albert Camus lui-même. Celle-ci dure environ 2h50, et on la trouve sur beaucoup de supports différents (notamment sur YouTube).

Le **roman** *Meursault, contre-enquête*, écrit par l'écrivain algérien Kamel Daoud, imagine l'histoire du côté de la famille de « l'Arabe », et notamment de la bouche du frère de la victime, nommé Haroun.

La **bande-dessinée** *L'Étranger*, réalisée par Jacques Fernandez, gagne à être parcourue.

Pour **identifier certains passages du roman**, ou retrouver des expressions précises, nous vous recommandons de télécharger un fichier PDF ou DOC du roman *L'Étranger*, qu'on peut facilement trouver sur internet. Une fois dans le document, utilisez la fonction « **rechercher** » (CTRL + f) en écrivant les mots que vous souhaitez lire.

Un mot de l'auteur

Avant de me concentrer sur mon travail d'enseignant, j'ai suivi un parcours juridique ; titulaire d'une maîtrise en droit des affaires et de deux master 2, j'ai obtenu le CAPA (diplôme d'avocat) en 2013. Par la suite, j'ai effectué de nombreuses années de cours particuliers et enseigné dans différentes structures : collège, lycée et associations. Aujourd'hui, j'enseigne le français (langue étrangère).

Mon objectif était de vous apporter le maximum d'informations autour de cette œuvre, en un minimum de temps. Même si Internet est une mine d'or d'informations, il est difficile de trouver les ressources essentielles et de les synthétiser. Conscient des difficultés à comprendre et mémoriser les œuvres littéraires, j'ai eu l'intention de faciliter les choses aux étudiants. J'espère avoir atteint cet objectif.

Si vous avez apprécié ce travail, je vous serais très reconnaissant de déposer un commentaire positif sur la page du livre. Ces avis représentent une récompense pour mes efforts, et c'est toujours un plaisir de les lire.

Pour toute remarque ou suggestion, n'hésitez pas à m'écrire à cette adresse : *editions.lippold@gmail.com.*

Je vous souhaite une bonne continuation et beaucoup de réussite dans vos projets.

Frédéric Lippold

Autres ouvrages du même auteur

Fiches de lectures illustrées

- « *Fiche de lecture illustré - Rhinocéros, d'Eugène Ionesco* »
- « *Fiche de lecture illustrée - Eldorado, de Laurent Gaudé* »
- « *Fiche de lecture illustrée - La Ferme des Animaux, de George Orwell* »
- « *Fiche de lecture illustrée - Cannibale, de Didier Daeninckx* »
- « *Fiche de lecture illustrée - Candide ou l'optimisme, de Voltaire* »
- « *Fiche de lecture illustrée - L'Ingénu, de Voltaire* »
- « *Fiche de lecture illustrée - Oh les beaux jours, de Samuel Beckett* »
- « *Fiche de lecture illustrée - La Vague, de Todd Strasser* »
- « *Fiche de lecture illustrée - Les Bonnes, de Jean Genet* »
- « *Fiche de lecture illustré - La Controverse de Valladolid, de Jean-Claude Carrière* »
- « *Fiche de lecture illustré - Inconnu à cette adresse, de Kressmann Taylor* »

Divers

- « *J'apprends le français ! - Exercices de français avec corrigés (Niveaux A2 à B1)* »
- « *J'apprends à lire et à écrire - Exercices d'écriture et de lecture du français (pour débutants ; alphabétisation)* »
- « *L'essentiel du livre : L'homme le plus riche de Babylone* »
- « *Comment réussir ses études : conseils et méthodes pour exceller après le bac* »

Mentions légales

© Tout droit réservé

ISBN-13 : 978-1724827890 - ISBN-10 : 1724827898

Dépôt légal : août 2018 - Dernière modification : août 2020

Made in United States
Orlando, FL
02 July 2022